AF176921

Meine Geschichte:

Wie ich meine chronischen Krankheiten, Konflikte und Krisen heilte und meine kühnsten Träume übertraf.

Der Geist ist stärker als die Gene und alle Materie.

Dankeswort

An dieser Stelle möchte ich aus tiefstem Herzen allen Personen danken, die zum Gelingen dieses Buches beigetragen haben: Allen Menschen, die mich auf meinem Weg und bei meiner Entwicklung unterstützt haben, ohne die diese Geschichte nicht so geraten wäre, wie sie geraten ist. Mein besonderer Dank gilt Dr. med. Wolfgang Rohrer, jenem Arzt, der mich 2003 überhaupt auf die Idee gebracht hat, dass Krankheiten eine wichtige Aufgabe haben, und der mich viele Jahre begleitet hat.

Wieder einmal danke ich Petra und Jürgen Eichler für Lektorat und technische Umsetzung sowie Elisabeth Urech für ihr Lektorat, die vielen inspirierenden Gespräche und ihr Vertrauen in mich. Zudem danke ich allen Freundinnen und Freunden sowie meiner Familie, die mich immer wieder mit Rat und Tat begleiten, und ganz besonders meinem liebevollen Lebenspartner, der mir bei allen meinen manchmal auch sehr ungewöhnlichen Ideen und Erfahrungen zur Seite steht und mich emotional, mental und tatkräftig unterstützt.

Und ich danke dem Universum, dass es ein solch freundlicher Ort ist, und dem Leben, dass es uns so wunderbar unterstützt, wenn wir uns für das Gute gedanklich und emotional öffnen.

Angelika Keil

Meine Geschichte:

Wie ich meine chronischen Krankheiten, Konflikte und Krisen heilte und meine kühnsten Träume übertraf.

Der Geist ist stärker als die Gene und alle Materie.

© 2014 Angelika Keil
Umschlag, Illustration: Angelika Keil
Lektorat, Korrektorat: Petra Eichler, Elisabeth Urech
Weitere Mitwirkende: Jürgen Eichler

Verlag: tredition GmbH, Hamburg

ISBN
Paperback   978-3-7323-3425-4
Hardcover   978-3-7323-3426-1
e-Book   978-3-7323-3427-8

Printed in Germany

Haftungsausschluss

Alle Angaben in diesem Buch erfolgen nach bestem Wissen und Gewissen. Die Autorin ist keine Medizinerin und kann von daher keinen medizinischen Rat geben. Die in diesem Werk mitgeteilten Gedanken, Methoden, Strategien und Anregungen bieten keinen Ersatz für die Beratung oder Behandlung durch Personen, die zur Ausübung von Heilmethoden zugelassen sind. Jeder Leser und jede Leserin ist für sich selbst verantwortlich. Für Personen-, Sach- oder Vermögensschäden, die aus der Anwendung der erwähnten Methoden entstehen können, wird keinerlei Haftung übernommen.

Hinweis an alle deutschen Leserinnen und Leser:
Dieses Buch ist in schweizerdeutsch geschrieben, in dem es kein „ß" gibt. Im Schweizerdeutsch schreibt man stattdessen „ss".

Inhaltsverzeichnis

Das Opferland: Leben in Unbewusstheit und Schmerz 9

Die Wende 15

Erste Experimente 17

Das Langzeit-Experiment 22

Einssein 25

Gewagter Sprung in die Selbstständigkeit 29

Die Lösung kommt oft aus unbekannter Quelle 34

Die wahre Liebe 36

Bilanz 38

Die erste grosse Prüfung 40

Die zweite grosse Prüfung 45

Wunder über Wunder 48

Leben im Paradies 53

Ein Kindheitstraum geht in Erfüllung 57

Mysteriöse Zwischenfälle 61

Die Offenbarung 65

Geht ein Bewusstseinswandel durch die Menschheit? 69

Die zweite Offenbarung 73

Spontanheilung 77

Das Versprechen 82

Freitag, der 13. April 2012 88

Leben im Fluss 93

Die grosse Herausforderung... 95

Die Engel-Tour 101

Zum Glück gezwungen 104

Geschenke über Geschenke 106

Wenn sich Affirmationen nicht verwirklichen......................... 108

Vortrag mit Folgen 110

Das Buch.. 113

Mutproben beim World Economic Forum................................ 116

Noch mehr Herausforderungen, Mutproben und Läuterungen 120

Die Angst konfrontieren und dadurch wachsen 122

Eine erstaunliche Begegnung 125

Erfüllende Seminartätigkeit im Institut................................... 127

Die Verwandlung 130

Marketing-Coaching mit Folgen 135

Postwendende Hilfe... 139

Marketing-Coaching Folgen II... 143

Vorwort

Nachdem ich das erste Buch von Angelika Keil, „Die AK-Strategie®", technisch bearbeiten durfte, bot Angelika mir an, sie auch bei ihrem neuen Buch zu unterstützen. So hatte ich wieder die Möglichkeit, als eine der Ersten ihr neues Buch lesen zu dürfen.

Eigentlich war ich davon ausgegangen, schon viel über sie, ihre Krankheitsgeschichte und ihre beeindruckende, persönliche Entwicklung zu wissen, aber so extrem hatte ich es mir dann doch nicht vorgestellt.

Angelika schafft es mit ihrer lebhaften und authentischen Ausdrucksweise, die Leserinnen und Leser in ihren Bann zu ziehen und sie an ihren Gefühlen, Sorgen, Ängsten und ihrer Freude teilhaben zu lassen. Man kann sich sehr gut in sie hineinversetzen - mit ihr leiden und ebenso mit ihr lachen - und möchte gar nicht mehr aufhören zu lesen, weil man unbedingt wissen möchte, wie die Geschichte weiter geht.

Für alle Leserinnern und Leser der „Die AK-Strategie®" ist „Meine Geschichte" die perfekte Ergänzung. Denn sie zeigt, wie Angelika mit der „AK-Strategie®" ihre eigenen, vielfältigen Probleme und Krankheiten aufgelöst und ihre kühnsten Träume noch übertroffen hat. Anders herum, macht „Meine Geschichte" auch neugierig auf „Die AK-Strategie®", da diese in ihrer Entwicklung hier nur angedeutet wird. Der Leser und die Leserin möchten nach der Lektüre von „Meine Geschichte" gerne wissen, woraus „ Die AK-Strategie®" genau besteht und wie er oder sie diese selbst anwenden kann.

Beide Bücher hängen daher natürlich untrennbar zusammen und ergänzen sich wunderbar.

„Meine Geschichte" ist für mich eine Autobiografie, deren Ausgang noch sehr spannend sein wird und vollkommen offen ist. Ich hoffe, dass es irgendwann einmal eine Fortsetzung gibt, auf die ich mich heute schon sehr freue...

Waat, im Mai 2014   Petra Eichler

Das Opferland: Leben in Unbewusstheit und Schmerz

Ich werde immer wieder gefragt, wie es dazu kam, dass ich die AK-Strategie® entwickelt habe, welchen Weg ich gegangen bin und welche Erfahrungen ich selbst gemacht habe. Deshalb biete ich allen Interessierten hier einen Auszug aus meiner Geschichte an. Ich hoffe, Sie macht Ihnen Mut, Ihrerseits Ihren eigenen Weg zu finden und zu gehen.

Bis zu meinem 40. Lebensjahr war mein Leben nicht unbedingt ein rosiges Leben. Es bestand aus viel Leid, Schmerzen, Unwohlsein, Krankheiten, Konflikten, Krisen, Partnerschaftsproblemen, Sorgen um Familienmitglieder, mehreren Wohnungseinbrüchen, sogar einem Raubüberfall, kleineren Unfällen und grösseren Beinahe-Unfällen, Überschwemmungen, einer Phase der Arbeitslosigkeit und immer wieder Phasen finanzieller Sorgen, um nur einiges zu nennen.

Allerdings war das für mich nichts Ungewöhnliches. Denn meinen Mitmenschen in meinem Umfeld ging es nicht viel anders. So dachte ich, das Leben sei nun mal so. Es sei ein Kampf und Krampf. Heute weiss ich, dass sich Ähnliches anzieht und dass das Leben auch ganz anders sein kann. Eigentlich hätte ich schon Anfang zwanzig aufwachen können, als die Mutter eines Freundes eines Tages zu mir sagte: „Du bist immer krank. Immer ist irgendetwas anderes." Ich schaute sie völlig überrascht an. Wie konnte jemand so etwas Selbstverständliches überhaupt erwähnenswert finden? Krankheit war mein natürlicher Zustand. Und das lag, so hatten meine Ärzte immer wieder gesagt, an meinen Genen. Hätte ich damals länger über die Äusserung der Mutter meines Freundes nachgedacht, wäre ich vielleicht früher erwacht. Aber dann hätte ich nicht all die wichtigen Erfahrungen gemacht, die mich tief geprägt und für meine jetzige Arbeit und Lebensaufgabe vorbereitet und geschult haben.

Im Mittelpunkt meines Lebens im Opferland stand wohl immer meine körperliche Gesundheit, besser: Meine Krankheiten, Beschwerden, Allergien, Zipperlein und Symptome, die im Laufe meines Lebens immer schlimmer wurden. Das begann wahrscheinlich mit einer Hepatitis nach meiner

Geburt und setzte sich in vielerlei Hinsicht und in verschiedensten Formen die ersten 40 Jahre meines Lebens fort.

Das erste Ereignis in meinem Leben, an das ich mich überhaupt erinnern kann, war ein Krankenhausaufenthalt wegen einer Mandeloperation. Damals war es offenbar üblich, Kindern, die ständig Mandelentzündungen hatten, diese zu entfernen. Und die Polypen gleich mit. In der Folge hatte ich statt der klassischen Mandelentzündung, auch Angina genannt, häufig eine sogenannte Seitenstrangangina. Ob das besser war, kann ich nicht beurteilen. Zumindest war es nicht weniger schmerzhaft. Später erzählten mir die Ärzte, wenn sie meine lange Krankengeschichte hörten, dass durch jene Operation mein Immunsystem nachhaltig gelitten habe, woran man allerdings leider nichts ändern könne.

Neben all den für mich „normalen" körperlichen Beschwerden in meiner Jugend erinnere ich mich besonders an meine Gelenkprobleme, die als junger Teenager begannen. Ich entwickelte eine chronische Gelenkentzündung, die heftige Schmerzen verursachte. Neben andauernden Schmerzen der Gelenke, durchzuckten mich oft Schmerzen, als ob ich einen elektrischen Schlag bekäme, der vom Gelenk in den ganzen Körper ausstrahlte. Da diese elektrischen Schläge ohne jegliche Vorwarnung auftraten, schrie ich die ersten Male unkontrolliert auf. Weil dies aber oft in den unpassendsten Situationen, zum Beispiel in der Schule auftrat, versiegelte ich meinen Mund und lernte, keinen Laut mehr von mir zu geben. Die Rheumamedikamente, die ich bekam, verschlimmerten die Schmerzen noch, so dass sie abgesetzt wurden. Physiotherapie, Fango und Massagen halfen nichts und wurden eingestellt.

Am schlimmsten war für mich als Jugendliche an dieser Situation, dass ich kaum noch Sport treiben konnte, obwohl ich sportliche Betätigung liebte und daraus mein grösstes Selbstbewusstsein zog. Denn, so dachte ich, Sport sei meine einzige Stärke. Ich gehörte immer zu den Besten. Besonders als Sprinterin stach ich hervor und war stolz darauf, sogar schneller als der schnellste Junge der Klasse zu sein. Der Sportlehrer der Jungs sprach von Olympiareife.

Ich hatte aber solche Probleme mit den Gelenken, dass ich mit den Fussgelenken ständig umknickte. Dann hatte ich wochenlang einen geschwollenen Fuss, konnte nur humpeln und wurde vom Schulsport suspendiert. Die Ärzte waren sich nicht einig, sprachen von chronischer Gelenkkapselentzündung und -erweiterung, überdehnten Bändern und Bänderrissen. Wenn ich dann wieder normal laufen konnte, knickte ich erneut um, und der Prozess begann von vorne.

An ein anderes einschneidendes Ereignis kann ich mich gut erinnern. Mit fünfzehn Jahren wurde ich im Urlaub schwer krank. Allerdings erkannte dies der Arzt am Urlaubsort nicht. Er hielt meine Erkrankung für eine leichte Sommergrippe und mich für ein Mimöschen. Wieder zu Hause wurde ich mit Verdacht auf Paratyphus und Hirnhautentzündung ins Krankenhaus eingeliefert. Eine lange Leidenszeit begann. Es wurde allerdings nie eine konkrete Diagnose gestellt. Monatelang war ich schwach, hatte grosse Probleme mit dem Verdauungssystem, litt oft unter heftiger Übelkeit und musste häufig frühzeitig von der Schule abgeholt werden. Meiner Erinnerung nach begannen damals meine regelmässig wiederkehrenden Magenschleimhautentzündungen. Während einer solchen Gastritis konnte ich wochenlang kaum etwas essen, meist nur Hafersuppe. Wenn es mir besser ging, kam eines Tages der Moment, in dem ich mein erstes Festessen zu mir nehmen konnte: Eine zerquetschte Banane mit einem trockenen Toast! Ich genoss diese Speise jeweils, als ob sie ein *Chateaubriand wäre*.

Allerdings passierte dann jeweils das gleiche wie mit meinen Füssen, die so gerne umknickten: Kurz nach einer Magenschleimhautentzündung trat die nächste auf. Zum Glück verschwanden die Probleme mit meinen Fussgelenken als ich ungefähr 20 Jahre alt war, auch wenn dafür andere Gelenkprobleme auftraten. Die chronisch wiederkehrende Gastritis blieb mir jedoch 25 Jahre lang erhalten, bis ich sie mit der AK-Strategie® auflöste.

Mit Anfang zwanzig kam eine andere, sehr belastende Erkrankung dazu: Nesselfieber. Dies ist eine Hautallergie, die mir mehrmals täglich so unerträgliche Schübe an Juckreiz bescherte, dass ich mir am liebsten die

Haut vom Leib gerissen hätte. Ich wäre sprichwörtlich am liebsten aus meiner Haut gefahren. Ich bekam starke Medikamente mit starken Nebenwirkungen. Aber immerhin wurde der Juckreiz auf ein einigermassen erträgliches Mass reduziert. Wenn ich damals schon gewusst hätte, welch wichtige Botschaft dieses Nesselfieber enthielt, hätte ich nicht circa 37 Jahre darunter leiden müssen. Nun ja, offenbar sollte ich es nicht eher erfahren.

Damals wusste ich auch noch nicht, wie symbolisch die vielen Schnittverletzungen und Verbrennung waren, die ich mir regelmässig im Alltag zuzog. Irgendwie hatte ich eine besondere Vorliebe für diese Art der Selbstbestrafung, erkannte damals die Botschaften aber nicht. Ich dachte vielmehr, das gehöre zum Leben wie das Zähneputzen.

Obwohl diese körperlichen Beschwerden im Vergleich zu meinen übrigen Problemen die grösste Herausforderung darstellten, kam ich ganz gut damit zurecht. Ich hatte so etwas wie eine „Opferlamm-Haltung" eingenommen. Leichte und mittlere Schmerzen nahm ich gar nicht mehr wahr. Sie waren für mich der Normalzustand. Erst wenn die Schmerzen stark oder unerträglich wurden, wurden sie mir bewusst. Da ich bis zu meinem 37. Lebensjahr eine Schmerzmittel-Unverträglichkeit hatte, musste ich Schmerzen stets aushalten. Mindestens einmal im Monat, während der Menstruation, kroch ich vor unerträglichen Schmerzen wimmernd auf dem Boden herum und wäre manches Mal lieber gestorben. Die Ärzte vermittelten mir stets, dass diese Schmerzen für eine Frau normal seien, da müsse sie halt durch.

Erst nach 29 Jahren monatlichem Leiden wurde bei mir Endometriose diagnostiziert, eine Frauenkrankheit, die lange nicht erkannt wurde und bis heute nicht geheilt werden kann. Bis zu der Diagnose musste ich mir öfters anhören, ich sei ein Mimöschen: „Wegen so ein bisschen Ziehen im Bauch, das jede Frau einmal im Monat hat, solle ich mich doch nicht so anstellen." Ich glaubte wirklich, ein Mimöschen zu sein und nichts aushalten zu können, ja, irgendwie für das Leben zu schwach zu sein. Etwas war nicht mit mir in Ordnung. Ich war eine Versagerin, hatte das Leben nicht im Griff. Erst als ich mehr über das Leben, den Körper, Krankheiten und Schmerz lernte, erkannte ich, wie lieblos und unachtsam ich mit mir und meinem Körper stets umgegangen war, und wie sehr ich nur auf das gehört hatte, was andere, insbesondere Experten mir sagten, statt auf mein eigenes Gefühl und meinen eigenen Körper zu hören.

Zu den Endometrioseschmerzen gesellte sich nach einigen Jahren noch eine Migräne, die nur während der Menstruation auftrat. Zusätzlich zu circa drei Tagen Endometrioseschmerzen hatte ich deshalb noch jeweils fünf Tage Migräne auszuhalten. Auch für diese gab es keine Schmerzmittel, die ich vertrug.

Allein die Diagnose Endometriose brachte natürlich keine Erleichterung, geschweige denn Gesundung. Denn meine Endometriose war inoperabel und Schmerzmittel vertrug ich nach wie vor nicht.

Die letzten Jahrzehnte, bevor ich nach Davos kam und sich mein Leben dramatisch verändern sollte, verging kein Tag, an dem ich nicht irgendeinen Schmerz, Übelkeit, Juckreiz, Schwindel, Atemnot, Husten oder Schwächeanfall gehabt hätte. Wenn es nicht Beschwerden aufgrund einer chronischen oder chronisch wiederkehrenden Krankheit waren, dann gab es noch viele weitere Möglichkeiten, sich körperlich unwohl zu fühlen: Zahnschmerzen, Pilzinfektionen, Pfeiffersches Drüsenfieber, Folgen kleinerer Unfälle, Magen-Darm-Infekte, Schnittwunden, die sich entzündeten…. Überhaupt bieten akute Entzündungen dem Menschen vielfältige Möglichkeiten, sich unwohl zu fühlen. Denn der Körper scheint über eine unbegrenzte Zahl von Stellen zu verfügen, die sich entzünden und schmerzen können.

Heute ist es für mich kaum noch vorstellbar, dass es möglich ist, Tag für Tag körperliche Beschwerden zu haben. Aber wenn ich dann Klientinnen oder Klienten habe, denen es so geht wie es mir früher ging, weiss ich wieder, dass dies möglich ist und dass ich das nicht alles nur geträumt habe.

Ich hatte mich damals in mein Schicksal ergeben. Denn die Ärzte sagten immer wieder, das seien halt meine Gene, ich hätte die Gene meiner Mutter und müsse ihren Weg gehen. Meine Mutter hatte fast alle meine Krankheiten und war mir immer ein paar Entwicklungsschritte im negativen Sinne voraus. So konnte ich stets sehen, was mich erwartete. Und so kam es dann auch immer. Ich entwickelte zwar noch ein paar Krankheiten, die meine Mutter nicht hatte, wie Nesselfieber, chronische Gelenkentzündung, Hüftgelenksdysplasie und Asthma. Aber im Grunde hatten die Ärzte Recht: Ich folgte dem Weg meiner Mutter. Die Gene waren Schicksal, und das Schicksal war mir nicht wohl gesonnen. Ich war eben ein Pechvogel.

Im Jahr 2000 gesellte sich zu meinen viele Krankheiten und Beschwerden das erwähnte Asthma. Dieses Mal handelte es sich um eine Krankheit, die auch lebensbedrohlich sein konnte. Zum Glück wusste ich bei den ersten Asthmaanfällen noch nicht, dass man an einem Anfall sterben konnte. So blieb ich stets relativ gelassen. Erst später erfuhr ich, dass etliche Asthmatiker bei einem Anfall sterben, insbesondere weil die Atemnot durch die Angst vor dem Ersticken noch stärker werden kann und die Patientinnen und Patienten dann tatsächlich ersticken können.

Ende 2002 wurde der Pechvogel berufsunfähig. Es war für mich nicht mehr möglich, mit meinen vielen gesundheitlichen Beschwerden meinen Beruf in Wissenschaft, Forschung und Lehre an der Universität auszuüben und meinen Lebensunterhalt selbst zu verdienen. Ich war lange Zeit arbeitsunfähig und stand vor der Frühverrentung beziehungsweise vor der Invalidenrente, wie dies in der Schweiz heisst. Aus Scham meldete ich mich aber noch nicht an. Vielleicht würde ja auch noch ein Wunder geschehen.

Im November 2002 ging es mir in der feucht-kalten Luft in Deutschland so schlecht, dass ich beschloss, für den Winter nach Davos in die Berge zu gehen. Meine innere Stimme sagte mir immer wieder, ich würde den nächsten Winter in Deutschland, das heisst in tieferen Lagen, nicht überleben. Die feucht-kalte Luft, Nebel, Autoabgase und die Hausstaubmilbe seien zu viel für mich.

So kurzfristig war es jedoch kaum möglich, für den Winter noch ein Zimmer in Davos zu finden. Das einzige Zimmer, das es noch gab, war ein immerhin möbliertes 1-Zimmer-Studio, das man für mindestens fünf Monate mieten musste. Obwohl ich nur Geld für drei Monatsmieten hatte und eine Beratungsstelle in Deutschland mir sagte, ich solle dies nicht tun, denn ich würde in die Schuldenfalle geraten, ging ich das Risiko ein. So sehr stand ich mit dem Rücken zur Wand. Leidensdruck macht manchmal sehr mutig.

Die Wende

Ich habe es nie bereut, meiner inneren Stimme gefolgt zu sein. Denn in jenem Winter in Davos sollte sich mein Leben von Grund auf ändern. Ich durfte dort eine Lebensphilosophie kennenlernen, die alles bis dahin Gelernte und Gehörte auf den Kopf stellte. Alles, was mir Eltern, Lehrer und Pfarrer, wie ich die grössten Einflüsse in der Kindheit gerne nenne, beigebracht hatten, und alles, was die meisten Menschen in unserer Gesellschaft auch heute noch denken, wurde mit dieser Lebensphilosophie ausgehebelt.

Die Hauptthese dieser Lebensphilosophie könnte man wie folgt beschreiben: Wir sind nicht **Opfer** unserer Gene, unseres Körpers, unseres Schicksals, von anderen Menschen, mobbenden Chefs, unfähigen Politikern, Korruption, Wirtschaftskrisen und Umweltzerstörung und so weiter. Sondern: Wir sind die Macht in unserer eigenen Welt. Wir erschaffen unsere eigene Realität selbst. Und zwar mit unseren Gedanken. Was wir heute sind und erleben, ist das Produkt unserer Gedanken und entsprechenden Handlungen in der Vergangenheit. Das war erst einmal starker Tobak für mich.

Wie aber wurde ich überhaupt mit dieser Lebensphilosophie bekannt? Dies habe ich hauptsächlich dem Hausarzt zu verdanken, den ich schon bald nach meiner Ankunft in Davos aufsuchen musste, da ich wieder einmal eine meiner – welche Überraschung – heftigen Seitenstranganginen bekam. Jene Seitenstrangangina ist die, der ich heute am dankbarsten bin. Denn sie führte mich zu jenem Arzt. Er fragte mich natürlich zu Beginn der Konsultation nach meiner Krankengeschichte. Nachdem ich diese in möglichst kurzer Fassung dem x-ten Arzt in meinem Leben erzählt hatte, fragte er mich ungefähr Folgendes: „Hat Ihnen schon mal jemand gesagt, dass Krankheiten Botschaften enthalten?" Nein, das hatte mir noch keiner der vielen Ärzte gesagt, die ich in meinen ersten 40 Lebensjahren aufgesucht hatte. Und das waren sehr viele. Denn ich hatte nicht nur viele verschiedene Krankheiten, sondern war oft umgezogen, hatte an vielen verschiedenen Orten gelebt und war oft in den Ferien und auf Dienstreisen erkrankt. So hatte ich sehr viele Ärzte in halb Europa kennengelernt.

Ich musste erst hinter die sieben Berge zu den sieben Zwergen – äh – nach Davos reisen, um diese Frage zu hören. Und diese Frage war der Beginn einer wundervollen Reise zu mir selbst, zu Gesundheit, Glück und Fülle.

Liebe Leserin, lieber Leser, Sie können sich vielleicht vorstellen, wie absurd ich das alles zuerst fand. Immerhin war ich Wissenschaftlerin, reine Rationalistin. Ich glaubte nur an das, was man zum damaligen Zeitpunkt mit den westlichen wissenschaftlichen Methoden beweisen konnte. Und ich war absolute Anhängerin der Schulmedizin.

Aber was noch schlimmer war: Ich war völlig schockiert, als ich hörte, dass ich mir allen Schmerz, alle Krankheiten, alles Leid, inklusive meines mobbenden Chefs, selbst erschaffen hatte, wenn auch unbewusst. Angeblich mit meinen Gedanken, inneren Bildern, Glaubenssätzen und Überzeugungen. Ich sollte für all das verantwortlich sein? Diese Vorstellung war eine gewaltige Herausforderung für mich. Mehrere Tage haderte ich und führte innere Kämpfe mit mir aus.

Dann kam mir plötzlich die Erkenntnis: Wenn ich mir das alles in der Vergangenheit erschaffen hatte, dann konnte ich mir jetzt für die Zukunft etwas ganz anderes, viel Schöneres erschaffen. Dann war ich nicht mehr Opfer meiner Gene, meines Körpers, anderer Menschen und des Schicksals, sondern die Macht in meiner Welt. Ein überwältigendes Gefühl von Vorfreude, Optimismus, Mut, Kraft und Zuversicht überkam mich. Das wollte ich ausprobieren. Ich glaubte zwar noch nicht daran, aber ich wollte Experimente machen.

Erste Experimente

Diese Lust am Experimentieren habe ich unter anderem meinem Dasein als Wissenschaftlerin zu verdanken. Als Wissenschaftlerin muss ich mich mit einer neuen Theorie eines Kollegen oder einer Kollegin erst einmal auseinander setzen und selbst experimentieren, um mir eine Meinung zu bilden. Ich kann nicht, wie am Stammtisch, von vornherein eine andere Meinung oder Theorie wegwischen und für Humbug erklären.

Also fing ich an, mit der Kraft der Gedanken und Visualisierungen zu experimentieren. Ich besorgte mir das Buch „Gesundheit für Körper und Seele" von Louise L. Hay und das kleine Büchlein von ihr, in dem sie die Botschaften von Krankheiten auflistet.

Ich machte mir eine lange Liste mit allen Krankheiten, Beschwerden, Symptomen und Problemen in allen Lebensbereichen, die ich hatte. Dann legte ich eine neue Liste an, in der ich genau das formulierte, was ich in Zukunft erleben wollte und was das Gegenteil von meinem damaligen Ist-Zustand war. Das ergab mehrere DIN A4 Seiten voller Affirmationen, wie diese positiven Gedanken und Glaubenssätze auch genannt werden. Eine Menge Baustellen in meinem Leben waren da zu bearbeiten.

Kurz nach meiner Ankunft in Davos hatte ich zusätzliche Beschwerden entwickelt. Die ersten Monate sass ich nicht mehr von zwei bis fünf Uhr hustend im Bett, was ich auf die Abwesenheit der Hausstaubmilbe zurückführte. Allerdings sass ich stattdessen ungefähr zur gleichen Zeit aufrecht im Bett, weil ich so heftige Schmerzen im Oberbauch hatte, dass ich mich nicht hinlegen konnte. Meine Mutter hatte diese „Gürtelschmerzen", wie sie sie nannte, schon etliche Jahre vorher entwickelt. Sie rührten von einer chronischen Bauchspeicheldrüsenentzündung her. Mich wunderte es nicht, dass ich nun auch an der Reihe war. Schliesslich sollte ich ja nach Auskunft meiner früheren Ärzte den Weg meiner Mutter gehen. Die „Gürtelschmerzen" und die dazugehörigen Affirmationen kamen also auch noch auf die Liste der Affirmationen.

Jeden Morgen, noch vor dem Aufstehen, las ich mir die Liste laut vor. Die Affirmation, die gerade am wichtigsten war, las ich immer wieder 15 Minuten lang. So verging einige Zeit und mein körperliches Befinden fing tatsächlich an, sich zu verbessern. Die ersten „Wunder" traten ein. Unter Wunder verstehe ich ein Ereignis, das mein Verstand für völlig unmöglich hält, das aber trotzdem eintritt.

Eine der wichtigsten Affirmationen, mit denen ich arbeitete, bezog sich auf meinen Wunsch, wenigstens die fünf Monate in Davos bleiben zu können, die ich meinem Vermieter Miete zahlen musste, obwohl ich nur Geld für drei Monate hatte. Ich wusste zwar nicht, wie das funktionieren sollte, wo das Geld herkommen sollte, aber ich affirmierte täglich – und tue das übrigens noch heute: „Ich habe es verdient, erlaube mir und danke dafür, dass ich auf Dauer vollkommen gesund, glücklich, positiv, gelassen, mit gutem Gewissen (da es meiner Familie sehr schlecht ging und sie nicht in Davos sein konnte) und wohlhabend in Davos bin." Bei dem Wort „wohlhabend" durchzuckte es mich zwar immer, da ich nicht „geldgierig" sein wollte, aber theoretisch fand ich Hay's Ansicht richtig, dass finanzielle Sicherheit eine gute Sache ist und man nur etwas geben kann, wenn man etwas hat.

Und siehe da, die Affirmation wurde Wirklichkeit. Ich bin noch heute, da ich dies 11 Jahre später im Jahr 2014 schreibe, in Davos. Und ich bin vollkommen gesund, habe alle meine Krankheiten, inklusive der chronischen, angeblich unheilbaren Krankheiten aufgelöst, habe liebevolle Beziehungen, ich nenne 180 qm statt 25 qm mein Eigen, habe eine erfüllende Arbeit, meine Berufung gefunden, kann wieder selbst für meinen Lebensunterhalt sorgen, habe meine eigene Methode, die AK-Strategie® entwickelt, ein Buch darüber geschrieben, darf bei meinen Klientinnen und Klienten beobachten, wie sie die Methode zu ihren Gunsten anwenden und Wunder über Wunder erleben. Ich darf andere Berater in dieser Methode ausbilden, ich durfte das „Institut für Körper, Geist und Seele" gründen und darf dort viele schöne Stunden mit wunderbaren Menschen erleben. Meine kühnsten Träume wurden übertroffen. Dieser Spruch wurde schon bald zu meinem Motto. Denn schon bald begannen sich immer mehr Wunder in meinem Leben zu ereignen.

Damals, im Jahr 2003, sprach ich mit den Affirmationen auf den vielen DIN A4 Seiten quasi lauter Lügen aus. Denn nichts davon war damals wahr. Heute weiss ich, wie entscheidend es ist, dass wir die Affirmationen in der Gegenwartsform (was man als Lüge bezeichnen könnte) formulieren, damit sie sich verwirklichen können. Das hat einfach etwas damit zu tun, wie die innere Kommunikation im menschlichen System abläuft und wirkt.

Aber zurück zu den Anfängen. Damals glaubte ich noch nicht an die Kraft der Gedanken und Visualisierungen, aber ich machte spielerisch, neugierig, experimentierfreudig meine Versuche. Im Alltag versuchte ich natürlich auch in kleinen Angelegenheiten mit der Kraft der Gedanken zu experimentieren. Da es jedes Mal funktionierte, standen mir oftmals die Nackenhaare zu Berge, wenn sich mal wieder mysteriöse Dinge ereigneten, mit denen ich niemals gerechnet hätte.

Das wohl amüsanteste Erlebnis möchte ich Ihnen hier schildern. Als es mir besser ging, kam in mir der Wunsch auf, mich ab und zu mit einer netten Frau zu treffen. Ich kannte in Davos niemanden und hatte nur drei Bekannte im Nachbarort, von denen ich vielleicht alle zehn Tage mal jemanden sah. Ansonsten war ich allein. Was ich damals allerdings sehr genoss, denn es gab mir Zeit, an meinen Baustellen zu arbeiten. Ich machte also einen Aushang im Supermarkt, ich würde für gelegentliches Beisammensein Interessierte suchen. Nichts geschah. Meine Bekannte sagte, Schweizer würden sich auf so etwas nicht melden, die seien da zurückhaltend. „Na ja, dann eben nicht", dachte ich.

Ich hatte schon aufgegeben und losgelassen, da rief ein Mann an. Zuerst war ich enttäuscht, denn mit einem Mann wollte ich mich nicht anfreunden. Ich fühlte mich mit Frauen wohler. Aber während des Gesprächs dachte ich: „Mmm, ein Mann ist vielleicht doch nicht so schlecht. Mal wieder Kontakt zu einem Mann? Ich kann es ja mal versuchen." Also verabredeten wir uns für den nächsten Tag im Einkaufszentrum.

Ich erinnerte mich an Hay's Empfehlung, mir jede Situation gedanklich so vorzustellen, wie ich sie gerne hätte. Also fing ich an zu visualisieren, ich würde am nächsten Tag meinen Traummann treffen. Wie sollte er aussehen? Grösser als ich, schlank, dunkle Haare, braune Augen. Das war mein

Jungmädchen-Traum gewesen. Hay sagte, wir sollten aufs Ganze gehen und keine Abstriche machen. Also bitte schön, hier war mein Wunsch.

Sofort kam jedoch die Stimme meines alten, negativen, begrenzenden Ichs: „Bei deinem Glück ist der bestimmt wieder klein, untersetzt, mit Brille und Schnurrbart." (Sorry an alle Männer mit diesem Erscheinungsbild). Aus irgendeinem unbewussten Grund war das damals MEIN persönlicher Anti-Typ. Bitte fühlen Sie sich nicht persönlich angesprochen.

Ich hatte aber zum Glück schon genügend intensiv mit Hay's Ansatz gearbeitet. So kam postwendend die innere Stimme des neuen Denkens: „Halt, so etwas möchte ich nicht mehr denken. Ich erschaffe mir jetzt den Mann, den ich möchte: Grösser als ich, schlank, dunkle Haare, braune Augen." So affirmierte ich immer wieder bis zu unserem Treffen. Noch auf meinem Weg zum abgemachten Treffpunkt glaubte ich nicht daran, dass die Affirmation Wirklichkeit werden könnte. So wie ich bei allen vorherigen Versuchen nie daran glauben konnte. Jedes Mal sagte mir meine negative innere Stimme: „Dieses Mal klappt es bestimmt nicht. Die anderen Male waren nur Zufälle."

Als ich zur verabredeten Stelle kam, war dort gar kein Mann zu sehen. Ich dachte, er käme vielleicht etwas später, drehte mich etwas, um mich so lange etwas umzusehen und – erstarrte. Alle Nackenhaare stellten sich auf: Dort drüben, zwar nicht an der verabredeten Stelle, aber dort drüben, stand er. Ich erkannte ihn, da er genauso aussah, wie ich ihn visualisiert hatte. Das konnte doch nicht wahr sein! Was gingen da für merkwürdige Dinge vor, dass er tatsächlich so aussah, wie ich ihn mir vorgestellt hatte? Ich war mal wieder erschrocken und verblüfft. Wir verbrachten einen netten Nachmittag miteinander. Aber viel wurde aus der Bekanntschaft nicht, da sich herausstellte, dass er nur ab und zu in den Ferien in Davos war. Aber das Universum hatte mir mit der Episode eine wichtige Lektion geschenkt.

Allerdings dauerte es noch einige Zeit und brauchte es noch etliche Experimente mehr bis der Moment kam, in dem mir klar wurde, dass das nicht alles Zufälle sein konnten, dass an der Kraft der Gedanken etwas dran sein musste. Insgesamt ein dreiviertel Jahr machte ich ein Experiment nach dem anderen. Und obwohl es immer funktionierte, glaubte ich ein dreiviertel Jahr lang, dass diese Ereignisse alle Zufälle waren und es beim nächsten Mal sicher nicht mehr klappen würde. Aber dann kam der Moment, da sogar mein stets skeptischer Wissenschaftlerverstand dachte: „Wenn es Zufälle waren, hätte es auch einmal nicht funktionieren müssen." Ich begann, an die Kraft der Gedanken zu glauben, da ich sie so oft **erfahren** hatte.

Das Langzeit-Experiment

Da sich meine Gesundheit und meine Lebensqualität schon erheblich verbessert hatten und ich wundersamerweise immer noch in Davos war, beschloss ich, das Experiment auf fünf Jahre auszudehnen. Ich wollte fünf Jahre konsequent nach der neuen Lebensphilosophie leben, mich fünf Jahre lang nicht mehr in die alte Denkweise ziehen lassen und nach insgesamt fünf Jahren Bilanz ziehen und schauen, ob sich meine Lebensqualität gebessert hätte. Der Bilanztag, den ich auswählte, war der 31. Januar 2008. Denn im Januar 2003 hatte ich mit den Experimenten angefangen.

Wie aber kam es, dass ich immer noch in Davos war, obwohl mein Geld nur für drei Monate gereicht hatte? Wie ich schon sagte, erlebte ich mit Hilfe der Affirmationen und Visualisierungen Wunder über Wunder. Ich affirmierte: „Ich darf auf Dauer in Davos sein" – und war nach fast einem Jahr immer noch da. Was war geschehen? Als sich mein Geld das erste Mal zu Ende neigte und ich mit Schrecken dachte, ich müsse zurück nach Deutschland , wo ich aufgrund der niedrigen Lage wieder der Hausstaubmilbe ausgesetzt wäre, bekam ich völlig unerwartet einen Brief von den deutschen Steuerbehörden mit einer dicken Steuerrückzahlung für ein weit zurück liegendes Jahr, an das ich gar nicht mehr gedacht hatte. Welch eine Überraschung, welch ein Jubel, welch eine Dankbarkeit!

Als auch dieser Betrag trotz bescheidenster Lebensweise nicht mehr lange ausreichte, erhielt ich einen Brief meines früheren Arbeitgebers, der Universität Chemnitz, ich hätte nicht meinen kompletten Jahresurlaub beansprucht. Der würde mir nun ausbezahlt. Damit hatte ich überhaupt nicht gerechnet. Da ich als eingefleischter Workaholic kaum mehr als zehn Tage Urlaub im Jahr gemacht (und da natürlich auch noch meine Bücher mitgenommen hatte), kam nun ein schönes Sümmchen zusammen, von dem ich wieder eine Zeit leben konnte. Meine neu gewonnene Freundin – auch diese Affirmation hatte sich mittlerweile verwirklicht – fing langsam an, sich über mich zu wundern.

Als auch dieses Geld zur Neige ging, bekam ich nochmals einen Brief von der Universität. Ich hätte mehr als fünf Jahre im öffentlichen Dienst gearbeitet. Dafür gäbe es eine Abfindung oder so ähnlich. Davon hatte ich nichts gewusst, freute mich aber über den neuerlichen Aufschub meiner Abreise nach Deutschland. Meine Freundin zitierte nun: „Sehet die Angelika, sie ist wie die Vögelein: Sie sät nicht, sie erntet nicht, und Gott erhält sie doch." Irgendwie hatte sie Recht. Aber irgendwie auch nicht, denn ich säte eine Menge: Ich investierte viel Zeit und Energie in positive Gedanken, Affirmationen und Visualisierungen. Und ich konnte schon eine Menge Früchte ernten!

Zwischenzeitlich hatte sich auch noch ein deutsches Gesetz zu meinen Gunsten geändert. Da die Universität verständlicherweise meinen Arbeitsvertrag im April 2003 nach meiner monatelangen Krankschreibung nicht mehr verlängert hatte, bekam ich Arbeitslosengeld. Nun kam ich als eine der ersten deutschen Arbeitslosen in den Genuss, mit einem sogenannten Leistungsexport, in der Schweiz Arbeit suchen zu dürfen. Da ich mittlerweile dank der Hay'schen Affirmationen so viel an Gesundheit, Kraft und Zuversicht gewonnen hatte, wollte ich nochmals versuchen, ob ich vielleicht doch noch arbeiten konnte. Wie viel konnte ich arbeiten? Würde ich mich selbst ernähren können? Ich bewarb mich wie eine Verrückte auf alle Stellen, die ausgeschrieben wurden und die ich mir irgendwie zutraute. Also auf alle relativ einfachen Bürostellen. Anglistinnen, so war meine offizielle Berufsbezeichnung, wurden in Davos nicht gesucht.

Darüber hinaus verschickte ich viele Blindbewerbungen an die unterschiedlichsten Firmen und Forschungsinstitute. Allein dreizehn Bewerbungen schickte ich an das Knochenforschungsinstitut AO in Davos. Das wäre mein Traumarbeitgeber gewesen. Es hagelte jedoch nur Absagen. Meistens hiess es: „Überqualifiziert". Wer holt sich schon eine Frau Doktor in sein Büroteam? Aber ich hatte heimlich gedacht: „In dem Institut sind die Chefs meistens Professoren und Doktoren. Vielleicht sind die eher bereit, eine Sekretärin mit Doktortitel anzustellen?" Aber es sollte nicht sein. Heute weiss ich, warum.

Früher wäre ich bei so vielen Absagen in grosse Resignation und Depression verfallen. Als ich Jahre vorher schon einmal einige Monate arbeitslos gewesen war, war das so gewesen. Jede Absage hatte mein Selbstwertgefühl und meine Zuversicht mehr geschwächt. Dank der neuen Lebensphilosophie reagierte ich auf die Absagen ganz anders. Vielleicht gab es im ersten Moment noch einen Stich und eine Enttäuschung. Aber schon der zweite Gedanke war: „Wer weiss, wofür das gut ist. Wer weiss, was das Universum hier Tolles mit mir vorhat. Wenn sich eine Tür schliesst, öffnet sich eine andere, noch Bessere." Und so sollte es tatsächlich kommen.

So konnten mir die Absagen nichts anhaben, und ich sah gespannt dem entgegen, was das Leben mir Gutes bringen würde. Ich hatte nämlich aufgrund der Experimente mit der Kraft der Gedanken angefangen, daran zu glauben, dass es noch mehr gab als Materie und Physik, dass es ein grösseres Ganzes gab, eine Quelle, die dieses faszinierende Universum mit seinen genialen, präzisen und für alle gleich ablaufenden Gesetzmässigkeiten erschaffen hatte.

Ich glaubte nicht mehr daran, dass das Leben es mit manchen Menschen gut und mit anderen schlecht meinte. Ich glaubte nicht mehr daran, dass es Glückspilze und Pechvögel gab. Ich hatte am eigenen Leib begonnen zu **erfahren**, dass **ich** es war, die sich mit ihren **Gedanken** für das Angenehme oder das Unangenehme öffnete. Da war kein böses Schicksal. Das Leben war kein Kampf, das Leben war nicht ungerecht, auch wenn ich das 40 Jahre geglaubt hatte und 40 Jahre eher ein Pechvogel gewesen war.

Mit meinen Experimenten machte ich die Erfahrung, dass ich **wählen** konnte, was ich erleben wollte. Ich stellte mir das so vor, und das hat auch heute noch, nach 11 Jahren weiterer Experimente Gültigkeit für mich, dass das Angenehme und das Unangenehme ständig um uns herum sind. **Was** wir erleben, bestimmen wir jedoch mit unseren Gedanken und Emotionen. Mit diesen öffnen wir uns für das, was dann zu uns kommen kann. Wenn wir das Unangenehme erwarten, öffnen wir uns für dieses. Wenn wir das Angenehme erwarten, öffnen wir uns für jenes.

Einssein

In der Natur der Berglandschaft Davos, in der ich mich dank meiner zunehmenden Gesundheit immer mehr bewegen konnte und die ich eingehend beobachtete, wurde mir bewusst, wie unbeschreiblich genial und faszinierend die Natur, Mutter Erde und das gesamte Universum sind. Diese Präzision und Komplexität beeindruckten mich zutiefst. Zudem hatte ich begonnen, den menschlichen Körper zu studieren, insbesondere das Verdauungs-, Immun- und Nervensystem. Ich kam zu der Überzeugung, dass diese Meisterwerke nicht durch zufällige Mutationen entstanden sein konnten, sondern dass hinter all dem eine enorme Intelligenz stehen musste. Sorry, Mr. Darwin. Die Mutationen sind sicher ein wichtiges Instrument, das diese Intelligenz auf der materiellen Ebene benutzt, um diese Meisterwerke zu erschaffen. Aber sie sind meines Erachtens nicht zufällig, sondern von einer unbeschreiblichen Intelligenz gesteuert.

Voller Ehrfurcht betrachtete ich die unterschiedlichsten Ausformungen der Schöpfung und erlebte in der Natur Momente des Einseins mit einem grösseren Ganzen, für das ich keine Worte habe. Ich kann nur sagen: Ich **erfahre, spüre, erlebe**, dass da noch etwas ist, das viel grösser ist als ich, mit dem ich aber verbunden bin. Und dieses etwas ist unendlich freundlich und mir wohl gesonnen. Ich habe nämlich erfahren, dass meine Affirmationen und Visualisierungen noch schneller Wirklichkeit werden, wenn ich dieses etwas, dieses Universum oder Leben, wie ich es damals nannte, um Unterstützung und Führung bitte. So schloss ich jede Affirmation mit: „Bitte, liebes Universum, hilf mir dabei. Dies oder etwas Besseres zeige sich nun zum Wohle aller Beteiligten." Ich überliess mehr und mehr dem Universum die letzte Entscheidung, da ich gemerkt hatte, dass es besser als ich wusste, was gut für mich war.

Nachdem ich nämlich angefangen hatte, an die Kraft der Gedanken zu glauben, und ich mit grossem Eifer weiter affirmierte, geschah es, dass manche Affirmationen nicht Wirklichkeit wurden, sondern etwas anderes eintrat. Zuerst war ich verwirrt und konnte mir das nicht erklären. Denn schliesslich hatte es ein dreiviertel Jahr immer funktioniert. Ich experimentierte weiter und stellte fest, dass es darauf ankam, mit welcher inneren Haltung ich affirmierte. Das erste dreiviertel Jahr hatte ich nicht daran geglaubt, dass meine Affirmationen wahr werden würden. Ich ging also jeweils ohne Erwartungsdruck spielerisch, leicht, neugierig, offen und experimentierfreudig mit der Angelegenheit um. Als ich aber daran glaubte, wollte ich die Dinge erzwingen. Ich war jetzt davon überzeugt, dass die Kraft der Gedanken wirkte, also mussten die Dinge so geschehen, wie ich es wollte. Genau damit aber, so fand ich heraus, blockierte ich die Erfüllung meiner Wünsche.

Deshalb kann ich auch heute noch mir selbst und meinen Klientinnen und Klienten nicht oft genug sagen, wie wichtig es ist, spielerisch, leicht, neugierig, offen und experimentierfreudig zu affirmieren, statt zu kämpfen, etwas erzwingen zu wollen und sich zu verkrampfen. Ich stelle aber auch fest, dass das den meisten Menschen am schwersten fällt. Am einfachsten ist das Leben deshalb, wenn wir dem Universum vertrauen und ihm die letzte Entscheidung überlassen. Denn das Universum weiss immer am besten, was für uns gut ist.

Das durfte ich schon oft im Nachhinein erleben, wenn meine Affirmation nicht in Erfüllung gegangen war. Dann kam nämlich etwas noch Besseres. Ich habe einige Beispiele dazu in meinem Buch „Die AK-Strategie®: Wie Sie mit Ihren Gedanken und Emotionen Ihre kühnsten Träume übertreffen" beschrieben.

Den Begriff „Gott" konnte ich damals nicht benutzen, da er für mich negativ besetzt war. Ich bin katholisch erzogen, mit der Vorstellung eines strafenden Gottes. „Gott sieht alles, alle deine Sünden, auch durch die Decke. Wenn du nicht lieb bist, kommst du in die Hölle. Nur wenn du nach seinen Geboten lebst, kommst du in den Himmel." Letzteres war damals gar nicht so einfach gewesen. So sehr ich mich auch anstrengte, andauernd passierte mir etwas, was mich in die Hölle befördern konnte. Jede kleine Verletzung, zum Beispiel ein Schnitt in den Finger, jeder Schmerz, jede Krankheit und so weiter war, so bildete ich es mir ein, eine Strafe Gottes für mich. Also überlegte ich jedes Mal, wenn mir etwas Unangenehmes passierte, was ich kurz vorher falsch gemacht hatte, so dass ich bestraft werden musste. Und da, liebe Leserin, lieber Leser, fand sich immer etwas.

Mein Hauptfokus lag also in den ersten 40 Jahren meines Lebens immer, wenn ich über vergangene Stunden nachdachte, auf dem Negativen, auf meinen Fehlern. Statt darüber nachzudenken, was ich gut gemacht hatte, gewöhnte ich mir an, darüber nachzudenken, was ich falsch gemacht hatte. Eine typische negative Sichtweise, die weder glück- noch gesundheitsfördernd ist, wie ich heute weiss.

Ein salopper Spruch, den es in meiner Jugend gab, unterstützte noch die Vorstellung vom strafenden Gott auf humorvolle Art und Weise: „Kleine Sünden bestraft der liebe Gott sofort, grosse nach neun Monaten." Welche negativen und begrenzenden Glaubenssätze damit transportiert und im Unbewussten verankert wurden, war uns damals natürlich nicht bewusst.

Ein weiterer Umstand führte dazu, dass das Wort Gott und alles was mit Religion und Kirche zu tun hatte, für mich negativ besetzt war: Der Satz „Liebe deinen Nächsten wie dich selbst" war mir übersetzt worden als „Liebe deinen Nächsten **mehr** als dich selbst. Seine Bedürfnisse sind wichtiger als deine. Wenn der andere dich braucht, sei für ihn da, egal, wie es dir geht, wie viele Aufgaben du selbst zu erledigen hast, wie müde oder krank du bist." Ich hatte dieses Gebot so verinnerlicht, dass ich nicht nur für andere da war, wenn sie mich darum baten. Ich las ihnen sogar ihre Wünsche von den Augen ab, bevor sie etwas sagten, egal wie schlecht es **mir** ging und was **ich** gebraucht hätte."

Dies hatte keinen unerheblichen Anteil an meinen Krankheiten und letztlich an meiner Asthmaerkrankung. Als ich zum zweiten Mal kurz hintereinander mit einem Asthmaschub im Krankenhaus lag, wurde mir dies alles klar. Ich hatte noch der Sekretärin bei ihren Aufgaben geholfen, anstatt meinen wissenschaftlichen Vortrag vorzubereiten, den ich wenige Tage später auf einer internationalen Konferenz halten sollte. Der Krug geht so lange zum Brunnen, bis er bricht. Ich war zu lange und zu oft über meine (körperlichen) Grenzen gegangen und hatte mich zu oft für andere „aufgeopfert".

Aber ob ich es nun Gott, Universum, Leben oder sonst wie nannte, in Davos durfte ich **erfahren**, dass es etwas gab, das mir sehr wohl gesonnen war.

Gewagter Sprung in die Selbstständigkeit

Ich hatte ein Fernstudium als Ernährungsberaterin begonnen und hegte den heimlichen Wunsch, nicht in einem Büro im kaufmännischen Bereich arbeiten zu müssen, sondern als psychologische Gesundheits- und Ernährungsberaterin. Ich hatte die letzten Jahre aufgrund meiner Krankheiten so viel über Gesundheit und Krankheit studiert, dass ich nun, da ich wusste, was für ein gesundes Leben förderlich war, den Menschen mein Wissen weiter geben wollte. Da entdeckte ich die genau auf mich zugeschnittene Stellenausschreibung. Es wurde eine Beraterin im Ernährungsbereich gesucht. Ich war Feuer und Flamme, jedoch enttäuscht, als ich erfuhr, dass es sich um ein Franchise-Unternehmen handelte. Das hiess, ich musste mich selbstständig machen. Das aber, so dachte ich, durfte ich als Deutsche in der Schweiz nicht. Meine Freunde informierten sich jedoch für mich und fanden heraus, dass dies sehr wohl möglich war.

Also bewarb ich mich hoch erfreut auf die Stelle, wurde aber wieder enttäuscht, da eine Voraussetzung für die Stelle ein Auto war. Ein Auto aber hatte ich nicht und konnte ich mir auch nicht leisten. Zum Glück. Als ich mich nämlich hinsetzte und darüber nachdachte, was an dem allen denn zu meinem Besten sein sollte, kam mir die Erleuchtung: „Dann mache ich mich eben ganz allein als Ernährungsberaterin selbstständig!" Gesagt, getan. Damit fing alles auf fast unglaubliche Weise an zu fliessen. Ein sicheres Zeichen dafür, dass ich auf dem richtigen, meinem besten Weg war. Überall wurden mir Türen geöffnet, rote Teppiche ausgelegt, was ich auch anpackte, gelang mir mit Leichtigkeit. Ich besuchte Existenzgründerseminare, legte eine Prüfung beim Steuerberater ab, erledigte alle Formalitäten, gestaltete mein 1-Zimmer-Studio mit minimalen Mitteln so um, dass ich tagsüber darin Beratungen abhalten konnte, ohne dass ein Klient oder eine Klientin ahnen konnte, wie arm ich war und dass ich dort auch wohnte.

Da ich früher ein sehr ängstlicher Mensch gewesen war, hätte ich ohne die intensive Arbeit an mir selbst und meinen Schatten und ohne den Glauben an die Kraft der Gedanken niemals gewagt, mich selbstständig zu machen. Nun aber hatte ich mehr Vertrauen in mich, das Leben und andere Menschen gewonnen, um es zu wagen. Ich war zwar neu in einem fremden Land, das dazu gerade wie der Rest von Europa in einer Rezession steckte, hatte keinerlei Netzwerk, kannte die Gesetze kaum und hatte eine stark angeschlagene Gesundheit, aber ich wagte es trotzdem.

Zum Glück änderte sich gerade wieder ein Gesetz zu meinen Gunsten: Ab 1. Juni 2004 war es für Deutsche nur noch ein relativ kleiner bürokratischer Aufwand, um sich in der Schweiz selbstständig zu machen. Ich erhielt vom schweizer Staat eine Bewilligung für eine sechsmonatige sogenannte Einrichtungszeit, in der ich beweisen musste, dass ich mein Geschäft erfolgversprechend eingerichtet hatte. Alles lief wie am Schnürchen, ich war begeistert, euphorisch, engagiert. Es ging mir einfach gut. Bis kurz vor meinem geplanten Geschäftsstart. Da geschah es: Ein Wasserrohrbruch in meinem Studio. Wochenlange Bauarbeiten. Ich wurde anderweitig untergebracht, meine Geschäftsvorbereitungen lagen auf Eis. Nachdem die Bauarbeiten abgeschlossen waren, konnte ich das Studio nicht mehr betreten. Etwas, mein Arzt vermutete Betonstaub, war in der Luft, so dass ich keine zwei Atemzüge nehmen konnte. Dann machte meine Lunge komplett zu. Die Vermieter und ich lüfteten wochenlang. Es nützte nichts. Ich musste mir etwas Neues suchen.

Was sollte da jetzt wieder zu meinem Besten sein? Heute weiss ich es. Ich musste wieder einmal durch Leidensdruck zu meinem Besten geführt werden. So wie damals, als ich meinen Beruf, meine Freunde, meine Wohnung und mein Auto aufgeben musste, um nach Davos zu kommen und dort die neue Lebensphilosophie kennenzulernen, die mein Leben so positiv veränderte. Der Wasserrohrbruch zwang mich dazu, eine unmöblierte dreieinhalb Zimmer-Wohnung zu mieten und für viel Geld meine Möbel aus Deutschland kommen zulassen, obwohl ich nur noch einen Monat Aufenthaltsbewilligung hatte (die Einrichtungszeit lief ab). Diese Wohnung war nämlich die einzige Bleibe, die es in Davos noch zu mieten gab. Um nicht ins Gebiet der Hausstaubmilbe zurück zu müssen, setzte ich also wieder einmal alles auf eine Karte. Und habe es wieder nicht bereut.

Als ob das Universum sich gedacht hätte, es sei besser für mich, gleich in einer ordentlichen Behausung mein Geschäft zu starten. Mein Mut wurde belohnt. Wegen des Wasserrohrbruchs erhielt ich eine zweimonatige Verlängerung der Einrichtungszeit. Dadurch standen die Prüfung und eventuelle Geschäftsgenehmigung für den Januar an. Im Januar aber war es sehr unwahrscheinlich, dass das Jahreskontingent für Einwanderer schon voll war. Im November hätte es knapp werden können. So aber bekam ich direkt eine mehrjährige Bewilligung und genug Platz zum Wohnen und Arbeiten. Wenn das nicht zu meinem Besten war! Grosse Dankbarkeit durchströmt mich auch jetzt noch, da ich dies schreibe.

Nun konnte ich meine Beratungstätigkeit starten. Ich hatte gehofft, in der Prävention zu arbeiten und den Menschen so etwas zu sagen wie: „Hallo, kommt her. Macht nicht die gleichen Fehler wie ich. Wenn ihr wollt, zeige ich euch, wie ihr auf Dauer gesund und zufrieden bleibt." Allerdings interessierte sich dafür kein einziger Mensch. Zu mir kamen nur Menschen, die schon einen langen Leidensweg hinter sich hatten. So wie ich auch. Und in die Ernährungsberatung kam auch keiner von sich aus. Die lief so nebenher bei manchen Klientinnen und Klienten als Ergänzung. Zu mir kamen die Menschen in die psychologische Beratung und ins Mentaltraining. Viele schwer kranke Menschen waren darunter, was mich am Anfang eine Menge Energie und Zeit für Abgrenzung und Erholung kostete.

So baute ich langsam aber stetig mein Geschäft auf und bearbeitete weiter meine eigenen Baustellen, auch wenn ich für diese nicht mehr so viel Zeit hatte. Deshalb ging meine eigene innere Reise etwas langsamer vonstatten als in 2003. Ich hatte dieses Jahr der Auszeit als so wertvoll empfunden, dass ich die These aufstellte, es sei sehr sinnvoll, alle fünf Jahre, spätestens alle zehn Jahre eine Auszeit zu nehmen, um intensiv an sich zu arbeiten.

In den Existenzgründerseminaren hatte man uns gesagt, dass es im Beratergeschäft drei bis vier Jahre dauern würde, bis man schwarze Zahlen schreiben würde. So lange musste man einen Brotjob haben oder von Rücklagen leben. Ich hatte beides nicht. Also versuchte ich nochmals, meine Berufsunfähigkeitsrente einzufordern, die mir ein Versicherungsvertreter einst aufgeschwatzt hatte für den Fall, dass ich meinen Beruf als Wissenschaftlerin an der Universität eines Tages nicht mehr ausüben könnte.

Als ich Ende 2002 fast mittellos nach Davos kam, hätte ich diese gut gebrauchen können. Aber die Versicherung verweigerte die Rentenzahlung mit der Behauptung, ich hätte schon vor Versicherungsabschluss Asthma gehabt. Das stimmte zwar nicht, musste aber für die Versicherung aufgrund der Art der Fragebögen, die sie an meine Ärzte geschickt hatte, so aussehen. Denn in einem Feld sollten die Ärzte schreiben, mit welchen Diagnosen ich je bei ihnen gewesen sei. In einem ganz anderen Feld sollten sie schreiben, seit wann sie mich kannten. Mein Hausarzt meines Heimatortes schrieb natürlich auch meine neuesten Krankheiten in das eine Feld und in das andere Feld, dass er mich seit meiner Kindheit kannte.

Ich selbst war 2002 viel zu krank und schwach, um Briefe zu schreiben und einen Rechtsstreit durchzufechten. Als ich mir einen Anwalt nahm, bekamen wir allerdings von meiner Rechtschutzversicherung keine Kostengutsprache. Denn diese Versicherung gehörte zum gleichen Konzern wie meine Berufsunfähigkeitsversicherung. Drum prüfe gut, wer sich an einen Versicherungskonzern bindet.

Als ich nun, ein gutes Jahr später, Geld für meine Selbstständigkeit brauchte, startete ich also einen erneuten Versuch, die Berufsunfähigkeitsrente einzufordern. Ich rechnete aus, wie viel Geld ich meinte, dass mir zustünde, wenn wir einen Vergleich schliessen würden und visualisierte und affirmierte diese Summe und den Zeitpunkt, zu dem ich diese Summe erhalten wollte. Mein Anwalt lachte amüsiert, als ich ihm die Summe nannte, die ich wollte. Er meinte, mir würde viel mehr zustehen. Er errechnete eine für mich astronomische Summe.

Damit konnte ich mich innerlich nicht anfreunden. So viel wollte ich gar nicht, so geldgierig wollte ich nicht sein. Also affirmierte ich weiterhin „meinen" Betrag und meinen Zeitpunkt. Und was glauben Sie, liebe Leserin, lieber Leser, was passierte? Genau zu dem anvisierten Zeitpunkt kam fast bis auf den Franken genau die Summe zu mir, die ich visualisiert hatte.

Nicht die, die mein Anwalt errechnet hatte. Jetzt mögen Sie denken: „Selbst schuld." Ja, Sie haben Recht. Die Kraft der Gedanken ist stärker als das geschriebene Gesetz. Es kommt immer das zu uns, was wir uns beim Universum bestellen, nicht das, was realistisch, „gerecht" oder gesetzeskonform ist.

Da ich auf Dauer von der bescheidenen Summe allein nicht leben konnte, kaufte ich eine ganz kleine Lebensversicherung zurück, und ein guter Freund überraschte mich mit einem kleinen Darlehen. Zusätzlich suchte ich einen Nebenjob, bekam aber nicht einmal eine Putzstelle. Finanziell gesehen waren die ersten drei Jahre in Davos wirklich sehr mühsam. Ich kam immer gerade so knapp über die Runden, konnte mir oft nicht einmal ein Busticket leisten oder das Obst und Gemüse kaufen, welches ich gern gegessen hätte. Als meine Wanderschuhe Löcher bekamen, konnte ich mir keine neuen kaufen, sondern musste nasse Füsse in Kauf nehmen beziehungsweise wegen meiner hohen Erkältungsgefahr und des Asthmas an nassen Tagen auf das Wandern verzichten. Als meine Handschuhe Löcher bekamen, waren nicht einmal neue Handschuhe drin, und als ich meine Wintermütze verlor, schenkte mir meine liebe Schwester eine neue. Ich hatte ein Budget für vier Tassen Tee oder Kaffee pro Monat an auswärtiger Verpflegung, wie ich es nannte. So stand ich oft vor den Sonnenterrassen der Cafés und Restaurants, beobachtete die Leute und sagte mir: „Das möchte ich auch können: Einfach spontan einkehren und einen Kaffee oder Tee trinken, wann immer mir danach ist. Und wenn ich hungrig bin, möchte ich etwas essen können."

Früher hätten mich meine finanzielle Situation und die Tatsache, dass ich nicht einmal eine Putzstelle fand, zutiefst geknickt. Nun aber sagte ich mir immer wieder: „Wer weiss, wofür das gut ist." Und wieder zeigte sich, wofür es gut war. Als nämlich mein Geld so knapp wurde, dass ich wusste, dass ich Ende März 2006 nach Deutschland zurück müsste, fing ich an zu affirmieren, dass mein Geschäft nun boomen würde. Ich legte genau fest, wie viel Umsatz ich bis zu jenem März brauchte.

Die Lösung kommt oft aus unbekannter Quelle

Kurz darauf kam meine einträglichste Klientin zu mir und berichtete schluchzend, sie könne nicht mehr kommen, müsse nun zu einem Therapeuten gehen, der über die Krankenkasse abrechnen könne, sie hätte solche Schulden, dass ihre Familie ihre Finanzen nun übernommen und ihr verboten hätte, weiter zu mir zu gehen. Sie weinte heftig, da sie alle Therapeuten schon kennen würde und auf keinen Fall zu solch einem wolle. Ich musste sehr an mich halten, um nicht mit zu heulen. Denn erstens tat sie mir leid, zweitens hatte ich gerne mit ihr gearbeitet und drittens sah ich meine wichtigste Einkommensquelle schwinden. Tapfer erinnerte ich mich an meinen Spruch: „Wer weiss, wofür das gut ist." Das sagte ich auch meiner Klientin. Ich empfahl ihr, diesen Satz immer wieder zu affirmieren, sich für das Gute zu öffnen und zu schauen, was sich aus der Situation Gutes ergeben würde. Sie willige unter Tränen ein.

Wenige Tage später rief mich eine Frau an, die meine Klientin gut kannte und ihr weiterhin die Beratung bei mir ermöglichen wollte. Sie bat mich, mich bei einem gewissen Arzt zu bewerben, um in der sogenannten „Delegierten Psychotherapie" mit dieser Frau arbeiten zu können. Dann könnte sie über die Krankenkasse zu mir kommen. Ich konnte mir absolut nicht vorstellen, dass ich mit meinen unkonventionellen Beratungsmethoden irgendeine Chance hatte, über die Krankenkasse abzurechnen. Aber meiner Klientin zuliebe schrieb ich eine Bewerbung. Und siehe da, ich wurde angenommen. Die Klientin konnte wieder zu mir kommen und mein Geschäft fing so an zu boomen, dass ich innerhalb von drei Monaten schwarze Zahlen schrieb und Ende März bis auf wenige Franken mehr genau den visualisierten Umsatz erreichte.

Für die folgenden zwei Monate visualisierte ich eine etwas grössere Summe, die ebenfalls genau eintraf. Ab da visualisierte ich den Monatsumsatz, den ich brauchte, um auf Dauer meinen gewünschten Jahresumsatz zu erreichen. Auch die Summe traf genau ein. Das werden Sie mir, liebe Leserin, lieber Leser, jetzt wahrscheinlich nicht glauben können. Ich würde es mir auch nicht glauben, wenn ich es nicht selbst erlebt hätte. Aber Sie können es selbst ausprobieren. Und ich freue mich, wenn Sie mir Ihre Erfahrungen schreiben.

Es kam sogar noch dicker: Mein Freund, der zum Glück aus der Wirtschaft kommt und sich mit Finanzen sehr gut auskennt, während ich aus dem Non-Profit-Unternehmen Universität komme, hatte mir den Jahresumsatz ausgerechnet, den ich mindestens brauchte. Natürlich erst ab dem Folgejahr, denn in den ersten sechs Monaten des Jahres 2006 hatte ich ja erst langsam den Umsatz gesteigert. Also fing ich schon mal an, zusätzlich zu meinem monatlichen Umsatz ab Juni 2006 den Jahresumsatz für 2007 zu affirmieren. Und was denken Sie, was passierte? Als ich Ende 2006 Bilanz zog, traute ich meinen Augen nicht: Ich hatte schon in 2006 bis auf wenige Franken genau den Jahresumsatz erreicht, den ich erst für 2007 visualisiert hatte! Wenn das nicht Wunder über Wunder waren!

Die Menschen rannten mir die Türen ein und sagten, sie hätten schon lange von mir gehört, hätten aber als Selbstzahler nicht kommen können und wären so froh gewesen, als sie gehört hätten, ich könne nun über die Krankenkasse abrechnen.

So hatte sich das vordergründige Desaster für meine Klientin und mich tatsächlich zu unserem Besten gewendet, weil wir uns bewusst und beharrlich für das Gute in der Situation geöffnet hatten. Sie konnte nun über die Krankenkasse kommen und ich war sieben Jahre in der Delegierten Psychotherapie und immer ausgebucht und konnte auf Dauer in Davos, meinem persönlichen Paradies, bleiben. Und viele Menschen, die sich die Beratung als Selbstzahler nicht leisten konnten, konnten meine ungewöhnlichen Methoden ausprobieren und von ihnen profitieren.

Die wahre Liebe

Wie sich sogar noch in der schrecklichsten Situation etwas Heilsames finden lässt, verdeutlicht ein anderes Ereignis, das kurz nach meinem Geschäftsstart stattfand. Ich erhielt die Nachricht vom plötzlichen Tod meines besten Freundes. Ich war überwältigt von Schmerz und weinte drei Tage und fragte mich immer wieder: „Was soll hier Gutes drin enthalten sein? Warum soll das zu meinem Besten sein? Wie kann Hay behaupten, alles sei zu meinem Besten????" Am dritten Tag sagte eine innere Stimme zu mir: „Angelika, öffne endlich wieder dein Herz für die Liebe, sonst stirbst du auch an einem Herzinfarkt."

Ich war wie vom Donner gerührt und hörte auf zu weinen. Sollte der Tod meines besten Freundes eine Botschaft für mich enthalten? Ich wusste zwar, dass es wichtig war, mich wieder für die Liebe zu öffnen, nachdem ich zehn Jahre bewusst Single gewesen war. Das hatte ich in 2003 schon beim Bearbeiten einer meiner Baustellen herausgefunden. Aber zuerst musste ich einigermassen gesund werden und jetzt musste ich vorrangig mein Geschäft aufbauen. Dann konnte ich mich wieder den Männern zuwenden. So dachte ich. Aber die Stimme sagte: „Jetzt ist der richtige Zeitpunkt. Zögere nicht." Ich fand das wirklich sehr unvernünftig. Erst die Arbeit, dann das Spiel, hiess es doch.

Aber ich hatte gelernt, dass das Universum immer besser wusste, was für mich gut war. Und jetzt, da ich begann, Spass am Leben zu haben, wollte ich auch nicht gleich sterben. Das Universum hatte schon oft über mein Gefühl oder meine „wahre innere Stimme", wie ich es nannte, mit mir gesprochen. Also nahm ich die Herausforderung an, die Ketten zu lösen, die ich einst mit der Absicht um mein Herz gelegt hatte, nicht wieder verletzt zu werden. Ich fing an, dreimal täglich eine passende Hay-Affirmation zu singen. Und siehe da, nach drei Monaten verliebte ich mich nach zehn Jahren zum ersten Mal wieder in einen Mann und er sich in mich. Es begann, eine langjährige, wunderschöne, glückliche Partnerschaft der wahren Liebe, in der jeder den anderen so liebt und respektiert wie er ist, ohne ihn verändern zu wollen oder an ihm rumzumeckern.

Als mein Geschäft anfing zu florieren, freuten sich nicht alle Menschen mit mir. Es gab Berufskolleginnen und -kollegen, denen ich ein Dorn im Auge war. Sie meinten, es gäbe nicht genug Arbeit für noch eine Psychologin in Davos. Sie versuchten auf alle erdenkliche Art, mich an meiner Arbeit zu hindern und waren dabei sehr einfallsreich. Allerdings fielen sie manches Mal selber in die Grube hinein, die sie mir geschaufelt hatten, was manchmal amüsant war, letztlich aber dennoch mühsam auch für mich.

Nach etlichen Monaten sagte jemand zu mir, der mir wohl gesonnen war und die Sache beobachtet hatte: „Das ist Mobbing." Peng, da war das Stichwort. Mit einem Schlag erkannte ich meine Heil- und Lernchance: Ich hatte meine letzte Mobbing-Situation noch nicht bearbeitet und hatte mich damals nicht gewehrt und für mich eingesetzt. Nun lieferte mir das Universum oder meine Seele oder mein Unbewusstes, wer auch immer, die Gelegenheit, alte Verletzungen zu heilen und etwas zu lernen. Ich setzte mich hin, wendete die AK-Strategie® an, erkannte die Botschaft für mich, affirmierte und handelte entsprechend. Sofort hörte das Mobbing auf. Seitdem ist Ruhe eingekehrt. Offenbar, so hoffe ich, habe ich meine Lektion gelernt und brauche keine Wiederholung des Themas.

Bilanz

Am 31. Januar 2008 kam der Tag, an dem ich nach fünf Jahren konsequenter Anwendung der neuen Lebensphilosophie Bilanz ziehen wollte. Meine Gesundheit, meine Beziehungen, meine Finanzen, meine Arbeitssituation und meine Zufriedenheit hatten sich so extrem verbessert, dass der Versuch ein voller Erfolg war. Meine kühnsten Träume waren in vielfacher Hinsicht übertroffen worden. Wunder über Wunder waren geschehen. Bei dem Gedanken, ich könnte zu meiner alten Lebensphilosophie zurückkehren, kam fast Panik hoch.

In den fünf Jahren hatte ich auflösen dürfen: Meine chronischen Kopf- und Rückenschmerzen, meine heftigen Knieschmerzen, meine Hüftschmerzen beim Gehen von mehr als einer Stunde, meine chronisch wiederkehrenden Magenschleimhautentzündungen, meine chronisch wiederkehrenden Blasenentzündungen und meine Schmerzen der Bauchspeicheldrüse. Wahrscheinlich war auch meine chronische Kehlkopfentzündung aufgelöst. Denn ich hatte keine Probleme mehr, lange zu sprechen. Früher konnte ich gerade knappe 40 Minuten am Stück sprechen, zum Beispiel, wenn ich einen Vortrag hielt. Dann fing meine Stimme an zu piepsen und versagte dann ganz. Das war angesichts meines Berufes als Lehrende an der Universität ein ziemliches Problem gewesen. Die Ärzte hatten eine chronische Kehlkopfentzündung diagnostiziert.

Besser geworden waren meine Allergien, das Nesselfieber und die Allergien gegen die Sonne, Cremes, Shampoos und Nahrungsmittel. Viele Speisen und Getränke, die ich 17 Jahre nicht hatte zu mir nehmen können, standen nun auf meinem täglichen Speisezettel. Die Asthmasymptome waren in Davos erheblich besser geworden, ich kam mit einer Minimaldosis Medikamente aus und hatte kaum noch Leidensdruck, solange ich in den Bergen blieb. In unteren Regionen, wo die Hausstaubmilbe weilt, hatte ich noch Asthma-Symptome. Die mehrmals jährlich wiederkehrende Seitenstrangangina, die früher drei bis vier Wochen dauerte, fand nur noch im Winter statt und dauerte nur noch eine knappe Woche.

Allerdings war die Sache mit der Seitenstrangangina und der Infektanfälligkeit eine ziemlich grosse Herausforderung. Ich hatte nämlich seit Kindheitstagen solch ein schwaches Immunsystem, dass ich nur kurz mit jemandem in einem Raum sein musste, der einen Infekt (Halsschmerzen, Husten, Schnupfen) hatte, schon bekam ich eine Seitenstrangangina. Da im Winterhalbjahr immer irgendeine Klientin oder ein Klient erkältet war, steckte ich mich dauernd an und fiel dann für mindestens eine Woche aus. Das war angesichts der Tatsache, dass ich stets zweieinhalb Monate im Voraus ausgebucht war und viele schwerkranke Menschen betreute, die regelmässige Zuwendung brauchten, ein echtes Problem. Mein delegierender Arzt und ich überlegten oft, ob ich diese Arbeit mit meinem gesundheitlichen Zustand, auch wenn sich dieser schon stark verbessert hatte, überhaupt ausüben und damit auf Dauer meinen Lebensunterhalt finanzieren konnte.

Zu meiner grossen Überraschung sagte der Kinesiologische Muskeltest, ich solle diese Arbeit fortführen. Mir blieb nichts anderes übrig, als meine Klientinnen und Klienten zu bitten, ihren Termin abzusagen, zu verschieben oder – in dringenden Fällen – einen Telefontermin zu vereinbaren, wenn sie einen Infekt hatten. Glücklicherweise hatten die Klientinnen und Klienten dafür Verständnis und hielten sich daran, insbesondere jene, die wussten, welche Auswirkungen ein Infekt auf Asthmakranke hat. Eine schöne Lösung war dies trotzdem nicht.

Bis auf diesen Schönheitsfleck fiel die Bilanz Anfang 2008 also äusserst erfreulich aus. Ich war mir sicher, dass ich die verbleibenden Krankheiten und Beschwerden auch noch auflösen würde, wenn ich denn mal Zeit hätte, sie mit der AK-Strategie® anzugehen. Die Krankheiten, die ich noch nicht mit der AK-Strategie® bearbeitet hatte, waren: Asthma, Endometriose, Fischallergie und „Magenbrennen".

Ich sollte schon bald Gelegenheit bekommen, die AK-Strategie® vermehrt für mich selber anzuwenden, denn 2008 wurde ein Jahr grosser Herausforderungen. Gut, dass ich im Januar Bilanz gezogen hatte. Wäre ich noch in der Experimentierphase gewesen, hätte ich vielleicht 2008 Zweifel an der neuen Lebensphilosophie und der AK-Strategie® bekommen.

Die erste grosse Prüfung

Die ersten drei Monate des Jahres verliefen wunderbar. Dann aber wurde ich vom Universum geprüft, kamen meine Lern- und Heilchancen. Im April kam eine Freundin für einige Tage zu Besuch, obwohl ich leider kaum Zeit für sie hatte, da ich von früh bis spät ausgebucht war. Schon kurz nach der Begrüssung fing meine Freundin an zu weinen. Es ginge ihr sehr schlecht in letzter Zeit, sie wisse auch nicht, was los sei. In den kurzen Zeiten zwischen meinen Klientinnen und Klienten hörte ich mir also liebevoll und verständnisvoll ihre Sorgen an. Meine eigene, so wichtige Erholung angesichts der belastenden Arbeit, der ich nachging, fiel dadurch aus.

Am Tag ihrer Abreise bat meine Freundin mich, in meiner Mittagspause eine Rückführung mit ihr zu machen. Rückführungen sind für mich am anstrengendsten, insbesondere bei Freunden und Familie. Eigentlich schrie mein Inneres Kind, dass es Ruhe und Erholung bräuchte, aber ich tat meiner Freundin den Gefallen – und es wurde sehr, sehr heftig. Meine Freundin flog erleichtert nach Hause mit meiner Empfehlung in der Tasche, in Deutschland bei meinem Ausbilder noch ein paar Sitzungen zwecks vollständiger Auflösung zu machen.

Zwei Tage später ereilte mich ein Asthmaschub, der mich für ein dreiviertel Jahr umwarf. Als ich im Bett lag und um Luft rang, analysierte ich meine Situation: In letzter Zeit war ich wieder in mein altes Muster verfallen und achtete meine eigenen Bedürfnisse weniger als die anderer. Ich hatte von früh bis spät, manchmal bis 22.00 Uhr abends Beratungen. Eigentlich wusste ich, dass das nicht gut für mich war und dass ich Klientinnen und Klienten abbauen müsste, statt immer neue zu nehmen. Aber wenn ich Menschen mit grossem Leidensdruck am Telefon hatte, insbesondere weinende Mütter, deren Kinder ich betreuen sollte, wurde ich stets weich. Ich hatte eindeutig ein Abgrenzungsproblem. Ich sagte ihnen immer, es gäbe noch so viele Psychologinnen und Psychologen in Davos, die meines Wissens auch noch freie Kapazitäten hätten. Aber die Personen wollten meine Methoden ausprobieren, von denen sie gehört hatten. Einige konnte ich zu meinem Lehrer schicken, aber nicht jeder wollte zu einem Mann gehen oder ausserhalb von Davos Hilfe suchen.

Vielleicht, so dachte ich hilflos, schwach und verzweifelt im Bett liegend, wäre es ja auch schon ein Fortschritt, wenn ich wenigstens nicht mehr in meiner Freizeit und gratis mit Freunden und Familie arbeiten würde. Das hatte nämlich ziemlich zugenommen, obwohl ich von meinen Ausbildungen her wusste, dass dies nicht empfehlenswert ist. Ich hatte nie damit gerechnet, dass ich noch einmal einen Asthmaschub bekommen würde. Umso grösser war die Krise, in die ich nun geriet. Und das war gut so. Denn die grosse Angst, die in mir aufkam, liess mich wichtige Entscheidungen treffen: Ich würde von nun an immer zuerst auf die Bedürfnisse meines Körpers hören und ich würde in meiner Freizeit, also gratis, nicht mehr arbeiten. Bei aller Liebe: Wenn Freunde und Familie meine Beratung wünschten, dann konnten sie einen ganz normalen Termin innerhalb meiner Arbeitszeit abmachen und bezahlen. Ich wusste ja, dass es niemandem nützte, wenn ich ausfiel, so wie wir es jetzt erlebten. Wieder einmal stiess ich vielen Menschen vor den Kopf, liess sie im Stich, vernachlässigte sie, weil ich über meine Grenzen gegangen und deshalb krank geworden war. Irgendwie kam mir das bekannt vor…

Als ich wieder aufstehen und langsam mit der Arbeit beginnen konnte, löste sich das Problem quasi von selbst. Ich brauchte neun Monate, um wieder zu Kräften zu kommen und konnte gar nicht mehr so viel arbeiten wie früher. Ausserdem brauchte ich mehr Erholungspausen zwischen den einzelnen Klientinnen und Klienten.

Der Asthmaschub hatte mir solch einen Schrecken eingejagt, dass ich nun endlich als nächstes dieses Thema mit der AK-Strategie® anging. Mit Unterstützung einer Körpertherapeutin und meines Ausbilders fand ich die Botschaft des Asthmas heraus. Es war ein komplexes Thema. Aber das Hauptthema war, dass ich mein wahres Selbst befreien sollte. Symbolisch sah ich mein wahres Selbst als süsses, kleines, weisses Gespenst, das ich in eine Holzkiste eingesperrt hatte. In meiner Brust. Als ich das kleine Gespenst, welches direkt einem Kinderbuch hätte entstiegen sein können, aus seiner Kiste befreien wollte, wollte es zu meiner grossen Überraschung nicht herauskommen. Es fürchtete sich. Das war allerdings genau betrachtet nicht wirklich verwunderlich. Denn ich hatte es jahrzehntelang eingesperrt und ignoriert. Kein Wunder, dass es mir und dem Leben da draussen nicht vertraute. Von nun an kümmerte ich mich täglich um das kleine Gespenst, dem ich den Namen Fridolin gab. Damals wusste ich allerdings noch nicht, was ich mit Fridolin noch alles Erstaunliches erleben würde. Aber davon später mehr.

Ich nahm mir nun Zeit für mich und arbeitete intensiv mit der AK-Strategie® an mir selbst, affirmierte für meine Fähigkeit, die Botschaft im Alltag umzusetzen, für eine gesunde Lunge, für Kraft und Fitness. Ich stellte mir vor, mit der Hausstaubmilbe die Friedenspfeife zu rauchen, dankte ihr und meiner Lunge für die wichtige Lern- und Heilchance und bat das Universum um Unterstützung und Führung.

Nach einem dreiviertel Jahr geschah das Wunder: Die Lunge war gesund, ich war wieder fit, hatte kein einziges der vielfachen Asthma-Symptome mehr. Ich konnte mich sogar im Reich der Hausstaubmilbe, im Unterland, wie die Bergler tiefere Lagen nennen, aufhalten, ohne auch nur ein einziges Symptom zu haben. Ich konnte sogar wieder feucht-kalte und feucht-heisse Luft einatmen und hatte keinerlei Atemprobleme dabei. Ich brauchte keine Milbenbezüge mehr im Unterland und sass dort nicht mehr von zwei bis fünf Uhr morgens aufrecht im Bett und hustete mir die Lunge aus dem Leib. Ich konnte die Medikamente ausschleichen und brauche bis heute keine mehr. Und das alles, obwohl mir die Ärzte gesagt hatten, mein Asthma sei chronisch und unheilbar. Selbst wenn ein Medikament gegen Asthma entwickelt würde, wäre meine Lunge so stark geschädigt, dass ich nicht wieder gesund würde. Denn Lungengewebe könne sich nicht erneuern. Tja, entweder geht es mir gut trotz geschädigtem Lungengewebe oder mein Lungengewebe hat sich doch erneuert. Wie dem auch sei, die Lebensqualität ist für mich entscheidend. Und ich bin sehr froh und dankbar, dass auch Ärzte manchmal irren.

Als ich meinem Lungenarzt sagte, was ich in dem dreiviertel Jahr gemacht hatte, lächelte er und sagte: „Wissen Sie, ich bin zusätzlich noch

Psychosomatiker. Aber selbst wir Psychosomatiker sind sogar wieder von der These abgekommen, dass Magengeschwüre etwas mit der Psyche zu tun haben, als wir das Bakterium Helicobacter gefunden haben." Da ich die Meinung meiner Mitmenschen respektiere und niemanden gegen seinen Willen bekehren möchte, liess ich es dabei bewenden. Es gab viele Menschen, die wollten meine Thesen und Methoden kennenlernen. Für die wollte ich mich engagieren und meine Zeit und Worte investieren.

Meinen Lungenarzt traf ich zu einem späteren Zeitpunkt in einem ganz anderen Zusammenhang nochmals wieder. Eine Klientin hatte die Diagnose erhalten, sie habe eine tödliche Herzkrankheit. Sie könne mit Medikamenten noch drei bis fünf Jahre leben. Einer ihrer Ärzte war mein ehemaliger Lungenarzt. Mit meinem unverbesserlichen Optimismus sagte ich ihr natürlich, dass ich daran erst glauben würde, wenn sie tatsächlich gestorben sei. In der Zwischenzeit würde ich ihr empfehlen, die AK-Strategie® auszuprobieren. Sie nahm das Angebot an, und wir durchliefen die gesamte AK-Strategie®, fanden die Botschaft der Herzerkrankung heraus und setzten einen Veränderungsprozess in Gang. Sie arbeitete sehr engagiert mit, versuchte beharrlich, die Botschaft im Alltag umzusetzen und arbeitete täglich mit den Affirmationen.

Nach drei Monaten kam sie in eine Herzklinik, um dort medikamentös optimal eingestellt zu werden. Zur grossen Überraschung aller konnten die Ärzte keinerlei Herzkrankheit mehr feststellen. Sie wurde als geheilt entlassen. Meine Klientin und ich feierten ihren grossen Erfolg. Sie hatte sich selbst geheilt! Ihre Ärzte hatten keine Erklärung, überlegten dies, überlegten das. Meine Klientin, die keineswegs auf den Mund gefallen ist, sagte ihrem Arzt, das heisst, meinem ehemaligen Lungenarzt, dass sie bei mir gewesen sei und meine Methode angewendet habe. So wie sie mir erzählte, lächelte er auch dieses Mal amüsiert.

Das kleine Gespenst Fridolin hatte in dem dreiviertel Jahr, in dem ich mich intensiv um die Botschaft des Asthmas gekümmert hatte, eine erstaunliche Entwicklung gemacht. Zuerst war Fridolin schüchtern aus seinem Verschlag gekommen und hatte eine Zeitlang ängstlich auf dem Dach der Kiste gesessen. Dann kam er immerhin auf meine Schulter und liess sich dort nieder. Er wollte sich aber immer noch nicht mehr Freiraum neh-men. Eines Tages fing er jedoch an zu fliegen. Zuerst nicht sehr weit weg und nicht sehr hoch, doch dann immer weiter und höher und zum Ende meines Heilprozesses erhob er sich in grösste Höhen. Die meiste Zeit flog er hoch oben und kam nur manchmal herunter auf meine Schulter, wenn ich ihn rief und fragte, wie es ihm ginge. Denn diese Frage hatte ich mir angewöhnt, jeden Tag mehrmals zu stellen. Ich wollte mein wahres Selbst nie wieder so vernachlässigen und seine Bedürfnisse so ignorieren, wie ich es jahrzehntelang getan hatte.

Nach meiner Erfahrung können solche inneren Bilder und Metaphern wie Fridolin einen Heilprozess sehr gut unterstützen. Mir zumindest hat die „Arbeit" mit Fridolin sehr gut getan. Und es sollte sich noch viel mehr daraus ergeben, wie ich zu gegebener Zeit erläutern werde. Denn Fridolins und meine Entwicklung sind verständlicherweise eng miteinander ver-knüpft.

Die zweite grosse Prüfung

In 2008 erhielt ich nicht nur in Form des Asthmaschubes eine Lern- und Heilchance. Ich sollte noch eine grosse Herausforderung meistern und damit geprüft werden, ob ich auf meinem neuen Weg blieb oder ins Opferland zurückkehren würde. Kurz nachdem ich das Bett wieder verlassen konnte, wurde bei mir Hautkrebs entdeckt. Ein Basaliom, das heisst weisser Hautkrebs, der in den wenigsten Fällen Metastasen im Körper bildet und somit nicht so gefährlich ist. Das wäre für mich also nicht so schlimm gewesen, wenn er nicht auf der Nase gewesen wäre. Es begann für mich – zusätzlich zur Asthmabewältigung – eine monatelange Plagerei: Untersuchungen, Biopsien, Bestrahlungen, die mir ohne Betäubung die Haut verbrannten, aber leider nichts brachten, ausser unerträgliche Schmerzen und grosse Verbände im Gesicht. So mancher Passant sah mich mit aufgerissenen Augen an, wenn er mein Gesicht erblickte. So mancher dachte sich wohl, was für einen schrecklichen Unfall ich gehabt oder welch brutalen Mann ich daheim hätte. Ich hätte sie gerne getröstet und gesagt: „Keine Sorge, es ist nichts Schlimmes." Aber das traute ich mich nicht. Nur meine Klientinnen und Klienten konnte ich nach dem ersten Schreck beruhigen. Ein halbes Jahr lang lief ich mit einem Pflaster auf der Nase herum. Manche Menschen kannten mich gar nicht ohne und mussten denken, ich sei mit einem Pflaster geboren. Meine Eitelkeit wurde ebenso geprüft wie meine Fähigkeit, zu mir zu stehen, egal wie ich aussah.

Natürlich wendete ich auch hier die AK-Strategie® an. Allerdings wollte es nicht so recht funktionieren. Heute weiss ich, dass ich viel zu verkrampft war. Ich hatte den ersten Schritt der AK-Strategie® vergessen: Annehmen, was ist und kommen mag. Ich gebe zu, dass ich alles andere als gelassen, positiv und voller Vertrauen war. Die Botschaft bekam ich auch nicht wirklich herausgearbeitet. Damals versuchte ich es mit dem Krankheitsbilderdeuten nach Dahlke. Wenn Sie, liebe Leserin, lieber Leser, bei ihm mal zum Thema Krebs nachgelesen haben, wissen Sie, was ich meine. Das Thema ist so komplex und kompliziert, dass ich nicht wusste, um welchen Aspekt des Themenkomplexes es denn nun bei mir ging. Und selbst wenn ich es eingrenzen konnte auf Aggression und Rücksichtslosigkeit. War ich denn jetzt zu rücksichtsvoll oder zu rücksichtslos, zu aggressiv oder unterdrückte ich meine Aggressionen? Ich fand keine eindeutige Antwort.

Ich unternahm zwar einiges, um vergangene Konflikte aufzuarbeiten, verschickte einige ehrliche und versöhnliche Briefe in der Art der gewaltfreien Kommunikation nach Rosenberg, affirmierte und visualisierte, bat das Universum um Unterstützung und Führung, aber meine Wünsche wurden nicht wahr. Der Krebs liess sich nicht „verbrennen".

Eine Operation war unumgänglich. Vor der Operation affirmierte ich wieder wie eine Verrückte – und durfte die Früchte ernten: Wenn wir etwas aus einer Angstschwingung heraus tun, wenn wir kämpfen, etwas erzwingen wollen und uns verkrampfen, kommt es nicht gut. Ich hätte es besser wissen können. Aber auch ich bin nur ein Mensch. Die Operation und die Zeit danach wurden zu einer Aneinanderreihung von Traumata.

Während der OP stellte sich heraus, dass der Krebs viel grösser war und viel tiefer ging, als man gedacht hatte. Es musste am nächsten Tag nachgeschnitten werden. Dreiviertel der Haut der Nase musste entfernt werden. Eine sogenannte Verschiebelappung sollte mein Aussehen einigermassen wieder herstellen. Die Wunde heilte jedoch nicht, entzündete sich und schloss sich nicht. Die Antibiotika wirkten nicht, und ich bangte vier Wochen lang jeden Tag um meine Nase. Nun, um ehrlich zu sein, ging es ja nur um mein Aussehen. Ich war zwar nie besonders eitel gewesen, hatte auf Äusserlichkeiten nie viel Wert gelegt, aber jetzt wurde ich gefordert. Letztlich, so stellte ich bei meinen Selbstanalysen erstaunt fest, ging es aber nicht einmal um mein Aussehen, sondern darum, ob mein Freund mich verlassen würde, wenn ich entstellt sei. Peng. Da war wieder so ein Thema aus der Vergangenheit, das ich bearbeiten durfte: Verlustangst.

Nachdem sich die Wunde endlich geschlossen hatte, was ich mit grosser Dankbarkeit feierte, kam der nächste Schreck: Plötzlich war meine ganze Nase von einem auf den anderen Tag rabenschwarz. War sie verbrannt? War sie abgestorben? Wieder Panik. Von positivem Denken und Vertrauen keine Spur. Ich rief direkt meinen Arzt an, welcher sagte, ich solle sofort vorbei kommen. Zunächst war auch er ratlos, bis ein Anruf beim Hersteller der Wundsalbe Aufschluss gab: Das konnte eine Verfärbung sein, die aber eigentlich wieder weggehen sollte....eigentlich. Wieder tagelang hoffen und bangen, bis sich die Schwärze tatsächlich anfing zurückzubilden.

Ein halbes Jahr lang lief ich dann noch mit einem Pflaster auf der Nase herum. So mancher dachte sich wohl wieder, ich sei eine Schlägerin. Meinem Freund möchte ich im Nachhinein ein Kränzchen winden: Er hat das ganze Jahr, das ich mit Pflaster oder Verband im Gesicht herumlief, zu mir gestanden, sogar erheblich mehr als ich selbst und hat sich nie gescheut, sich mit mir in der Öffentlichkeit zu zeigen. Auch in den kurzen Zeiten, in denen kein Pflaster in meinem Gesicht prangte, sondern kleine schwarze Spinnen auf meiner Nase hockten. Das waren jeweils die Fäden, die nach einer Biopsie die Wunde verschlossen. Und als dann ein halbes Jahr nach der Operation das letzte Pflaster entfernt wurde, stand er ebenfalls zu mir und meinen Narben.

Dazu muss ich sagen, dass ich meine Gelassenheit, Zuversicht und Positivität wieder fand, nachdem das Schlimmste vorbei war. So fing ich an, für eine schöne Narbe und Nase zu affirmieren und visualisierte sie, indem ich mir täglich ein früheres Foto meiner Nase ansah. Die Narbe wurde in der Tat so gut, dass sie nach einem Jahr kaum noch zu sehen war. Nicht einmal der Arzt, der mich ein Jahr später wieder an der Nase operierte – die Geschichte kommt später –, hatte sie gesehen und von meiner „grossen Operation", wie er sagte, erst aus dem Arztbericht erfahren. Also hatte ich bei allem Unglück letztlich noch Glück gehabt und das Ergebnis war so geworden, wie ich es mir gewünscht hatte.

Wunder über Wunder

Eine ähnlich erfreuliche Geschichte habe ich von einem anderen Tumor zu erzählen. Während der Bestrahlungen der Nase entdeckte ich eine Verdickung am rechten Ellbogengelenk. Der Arzt stellte ein Lymphom fest. Eine Biopsie wurde angeordnet. Doch der Arzt, bei dem ich die Biopsie machen lassen wollte, schickte mich mit folgenden Worten weg: „Das ist mir zu heikel. Gehen Sie lieber zu meinem Kollegen xy." Als ich seine Praxis verliess und auf die Strasse trat, kam grosser Unwille in mir auf: Ich wollte keine Biopsie mehr, ich wollte keine Ärzte mehr, ich wollte nicht mehr meinen halben Tag in Arztpraxen verbringen, ich wollte arbeiten und leben! Ich hatte mit der blöden, äh, netten Nase genug am Hut. Ich beschloss, das Lymphom mit der AK-Strategie® zu bearbeiten. Und wenn es schief ging und ich Metastasen bekam und starb, war das eben so.

Ich wendete die AK-Strategie® an, nahm alles an, was war und kommen konnte und machte dieses Mal die „Zwiesprache mit dem Unbewussten" (ZUB), um die Botschaft herauszufinden. Diese Methode hatte ich selbst entwickelt beziehungsweise aus verschiedenen anderen Methoden weiter entwickelt. Das Krankheitsbilderdeuten war mir zu schwierig, wie die Versuche mit dem Basaliom gezeigt hatten. Die Botschaft des Lymphoms war, ich solle mich mehr von meiner Mutter abgrenzen, nicht so mit ihr mitleiden, so symbiotisch sein, sie retten wollen. Ich formulierte eine entsprechende Affirmation, fügte eine Affirmation für meinen Ellbogen hinzu inklusive einer Frist bis wann spätestens sich der Ellbogen wieder vollkommen normal, flach und wohl anfühlen sollte. Ich gab mir drei Monate. Ich bat das Universum um Unterstützung und liess los. Nach drei Monaten war das Lymphom tatsächlich verschwunden. Grosse Freude, Dankbarkeit, Erleichterung. So leicht konnte es gehen!

Wie ich schon sagte, wurde ich ein Jahr nach der ersten Operation wieder an der Nase operiert. Es hatte sich wieder ein weisser Hautkrebs gebildet. Dieses Mal auf der anderen Seite. Allerdings ging ich beim zweiten Mal ganz anders an die Sache heran. Als der Hautarzt mir eröffnete, dass ich wieder Hautkrebs hätte, geriet ich im ersten Moment in Panik: Nicht schon wieder diese Tortur, dieses Trauma!!! Als ich jedoch die Arztpraxis verliess, überkam mich eine grosse innere Ruhe und Gelassenheit. Ohne mein bewusstes Zutun wendete ich automatisch den ersten Schritt der AK-Strategie® an und nahm alles an, was war und was kommen würde. Ich ging nach Hause, wendete die AK-Strategie® an, fand die Botschaft heraus, fing an, sie im Alltag umzusetzen, machte eine Affirmation für eine leichte, schnelle, perfekte, gelungene Operation ohne Nachschneiden, eine schnelle Wundheilung, eine schöne Narbe und Nase, bat das Universum um Unterstützung – und liess los. Wenn es so kam, wie ich wollte, war es genial, wenn nicht, dann war das halt so. Dann durfte ich noch etwas lernen. Aus dem ersten Mal mit all seinen Komplikationen hatte ich auf jeden Fall sehr viel über die Gesetze des Universums und der Kraft der Gedanken und Emotionen gelernt und die Erkenntnisse in meine AK-Strategie® einfliessen lassen.

Es trat alles so ein, wie ich es mir gewünscht hatte. Die zweite Operation war viel kleiner als die erste, es brauchte nicht nachgeschnitten zu werden, die Wunde heilte sofort gut ab und alles war bald vergessen. Wieder grosse Freude, Erleichterung und Dankbarkeit. Aha, so ging es also. Heute weiss ich, wie wichtig eine gute mentale und emotionale Operationsvorbereitung ist und wie effektiv sie ist. Dies konnte ich mittlerweile auch bei Klientinnen und Klienten beobachten. Ich würde mir wünschen, dass jeder Patient und jede Patientin mental und emotional optimal auf eine Operation vorbereitet wird. Dadurch könnten viel Leid, Medikamente, Nachoperationen, Komplikationen, Nachsorge, Zeit und Geld gespart werden.

Während ich auf den Operationstermin wartete, entdeckte ich wieder ein Lymphom. Dieses Mal an einem Fingergelenk der rechten Hand. Ich wendete wieder die AK-Strategie® an und ging genauso vor wie beim ersten Lymphom. Die Botschaft war eine andere, aber auch sehr wichtige, an die ich mich jetzt allerdings nicht mehr erinnern kann. Ich affirmierte und handelte entsprechend, setzte eine Frist – und zum angegebenen Termin war das Lymphom verschwunden. Das waren ja wirklich Wunder über Wunder, die da passierten! Welche Freude und Dankbarkeit!

Liebe Leserin, lieber Leser, bitte kommen Sie jetzt nicht auf die Idee, es mir gleich zu tun und mit einem Tumor nicht zum Arzt zu gehen. Bitte gehen Sie zum Arzt. Die AK-Strategie® können Sie parallel dazu anwenden.

Das nächste Wunder nahm seinen Anfang kurz vor der zweiten Nasenoperation. Ich bekam einen heftigen Infekt, gerade als die Schweinegrippewellenhysterie ihren Höhepunkt erreichte. Bei mir war es natürlich keine Schweinegrippe, sondern „meine" ganz normale Seitenstrangangina. Und dieser Seitenstrangangina werde ich mein Leben lang dankbar sein. Denn sie öffnete mir die Augen für einen begrenzenden Glaubenssatz, der mich ungefähr 42 Jahre fest im Griff gehabt und für viel Schmerz und Leid gesorgt hatte. Der Glaubenssatz hiess: Ich habe ein schwaches Immunsystem.

Plötzlich wurde mir klar: Wenn ich glaubte, dass ich ein schwaches Immunsystem hatte, dann war doch klar, dass es sich immer wieder manifestierte. Wieso war ich all die Jahre nicht darauf gekommen? Seit fast sieben Jahren sagte ich mir und anderen ständig, dass wir das erleben, was wir denken und glauben, dass wir JETZT das Produkt dessen sind, was wir in der Vergangenheit gedacht haben und dass wir das jederzeit ändern können. So betriebsblind konnte ich selbst sein! Aber wie froh und dankbar war ich, dass ich es endlich erkannte. Gefahr erkannt, Gefahr gebannt. Ich schrieb sofort eine lange Affirmation, die alles ins Gegenteil verkehrte, was die Ärzte und ich mir mein Leben lang über mein Immunsystem erzählt hatten. Wenn ich meinem Immunsystem nicht vertraute, konnte es ja keine Bestleistung bringen. Genauso wenig wie meine Lunge, mein Magen, meine Haut und so weiter keine Bestleistung bringen konnten, wenn ich schlecht von ihnen dachte.

Meine Freunde und mein Partner, die meine „verrückte" Theorie von der Kraft der Gedanken zwar nicht teilten, mich aber respektierten, solange ich ihre Meinung respektierte, hatten mich freundlicherweise immer wieder in anderen Situationen auf Widersprüche in mir selbst aufmerksam gemacht. Darum hatte ich sie sogar gebeten. So sagte also besonders mein Partner ab und zu: „Das entspricht jetzt aber nicht deiner Theorie." Wofür ich ihm dann jedes Mal dankte, da er mir bei meinem Bewusstseins- und Entwicklungsprozess half.

Als ich meine Freunde und meinen Partner fragte, warum sie mich nie auf diesen meinen so gravierenden Denkfehler, der so viel Leid ausgelöst hatte, aufmerksam gemacht hätten, antworteten sie, dass sie wirklich gedacht hatten, dass ich ein schlechtes Immunsystem hatte, da das so offensichtlich gewesen war.

Wie dem auch sei. Ich begann sofort, täglich mit der Affirmation „Das perfekte Immunsystem" zu arbeiten. Zu meiner Überraschung und Freude blieb ich drei ganze Jahre lang, dreimal 365 Tage lang, ohne Infekt, ohne Seitenstrangangina! Wie ich in meinem Buch „Die AK-Strategie®: Wie Sie mit Ihren Gedanken und Emotionen Ihre kühnsten Träume übertreffen" erkläre, ist es nicht so, dass wir nie wieder eine Beschwerde mit einem Körperteil, Organ oder System bekommen, wenn wir ihm vertrauen. Aber wir bekommen dort nur noch ein „Problem", wenn wir eine Botschaft, eine Lern- und Heilchance brauchen. Nicht mehr, weil wir kein Vertrauen in den Körperteil oder das System haben.

So bekam ich nochmals einen leichten Infekt, als ich das „Institut für Körper Geist und Seele" gegründet hatte, in neue Geschäftsräume gezogen und in diesen Gründungsmonaten ziemlich über meine körperlichen Grenzen gegangen war. Der Infekt zeigte mir: „Mach mal Pause, gönne dir mal etwas Ruhe und Erholung." Seitdem habe ich keinen Infekt mehr gehabt. Das bedeutet, dass ich innerhalb von fünf Jahren nur einen kurzen leichten Infekt hatte, nachdem ich mit der Affirmation für ein gutes Immunsystem begonnen hatte. Früher hatte ich während des Winterhalbjahres alle paar Tage mit Halskratzen und beginnender Seitenstrangangina zu tun gehabt, die dann ein- bis zweimal pro Winter voll ausbrach. Die Wandlung, die ich erfuhr, nachdem ich begonnen hatte, meinem Immunsystem zu vertrauen, nenne ich ein Wunder. Welche Freude, welche Erleichterung, welcher Zuwachs an Lebensqualität, welche Dankbarkeit! Nun weiss ich, warum der Muskeltest immer sagte, ich solle meinen Beruf nicht wechseln, obwohl ich mich ständig bei meinen Klientinnen und Klienten ansteckte. Es lag gar nicht an meinem Beruf, sondern, wie kann es auch anders sein, an meinem Denken und meinen Überzeugungen.

Leben im Paradies

So herausfordernd die Jahre 2008 und 2009 auch in gesundheitlicher Hinsicht waren. Im Grossen und Ganzen waren sie trotzdem wundervolle Jahre. Ich hatte dank des Asthmaschubes wieder viel gelernt und in meiner Entwicklung einige grosse Schritte gemacht. Da ich in 2008 nur reduziert arbeiten konnte und merkte, wie gut mir das tat, hielt ich dieses reduzierte Arbeitspensum von da an bei. Zu meiner grossen Überraschung konnte ich trotzdem meine Rechnungen bezahlen. Ich stellte immer wieder fest, dass das Leben gar nicht will, dass wir uns krank arbeiten, über unsere Grenzen gehen und bis zur Erschöpfung arbeiten.

Irgendwie fing das Leben mehr an zu fliessen, als ich weniger arbeitete. Ich verbrachte wunderschöne Stunden in der Natur, mit Freunden, mit meinem Partner und genoss sehr schöne Ferien an meinem Lieblingsferienort Davos. Ich lebte die für mich perfekte Work-Life-Balance, ging dreimal die Woche vormittags auf die Schatzalp, einem Kraftort von Davos mit fantastischem Panoramablick, trank dort einen Kaffee und ging wieder hinunter. Das war jedes Mal wie ein halber Ferientag für mich. Welch ein Privileg, vormittags, wenn andere arbeiteten, meinen persönlichen Jungbrunnen aufsuchen zu dürfen! Im Winter ging ich statt auf die Schatzalp langlaufen. Nachmittags und abends hatte ich Klientinnen und Klienten. Ich kam mir vor wie im Paradies. Das Leben war enorm viel leichter geworden. Ich fühlte mich (fast) immer in Balance, in meiner Mitte, ausgeglichen, fit und eins mit mir und dem Leben. So war ich nie wieder zu unpassenden Zeiten müde, wie ich es früher öfters erlebt hatte. Ich war immer wach und fit und freute mich auf jeden Klienten und jede Klientin. Als ich noch über meine Grenzen gegangen war, hatte ich manches Mal während des Arbeitstages einen Müdigkeitsanfall bekommen, musste mich aber für den nächsten Klienten zusammenreissen. Diese Zeiten waren nach dem Asthmaschub für immer vorbei.

In 2008 erfüllte ich mir einen schon seit langem gehegten Wunsch: Ich begann zu malen. Schon das erste Bild bereitete mir so viel Freude, dass ich überwältigt war und mich fragte, wie ich je ohne Malen hatte leben können?! Beim Malen geriet ich in Euphorie. Es war sehr beflügelnd, befreiend, bereichernd und erfüllend. Überall sah ich nun Motive und hatte Ideen über Ideen. Ich steckte mit meiner Begeisterung gleich noch ein paar Freunde an, die das Malen für sich (wieder) entdeckten. Ich fing an, mich in Maltherapie weiter zu bilden.

Leider war es mit dem Platz etwas mühsam. Ich hatte keinen extra Raum oder Platz und musste alle Utensilien immer hin und herräumen. Wenn Sie, liebe Leserin, lieber Leser, das kennen, wissen Sie, wovon ich spreche. Da kam mir wieder das Universum zu Hilfe. Allerdings konnte es sich wieder einmal nur über Leidensdruck bei mir Gehör verschaffen.

Dazu möchte ich erklären, dass sich unabhängig von meinen „normalen" Krankheiten und Beschwerden eine Art Kommunikation zwischen mir und meinem Unbewussten, meiner Seele oder dem Universum entwickelt hatte. Wie ich diesen Teil nennen soll, weiss ich nicht genau. Auf jeden Fall handelt es sich um den Teil, der besser weiss als ich, was gut für mich ist, der dafür sorgt, dass es mir in jeder Hinsicht immer besser geht, und der mir hilft, meine begrenzenden Gedanken und Überzeugungen Schritt für Schritt zu erkennen und aufzulösen. Diese Kommunikation erfolgte über zwei verschiedenartige Schmerzen: Entweder hatte ich Magenschmerzen oder einen „Klammeraffen", wie ich die Schmerzen nannte, die sich wie eine Klammer von meinem Nacken über den Kopf zogen.

Wenn diese Schmerzen auftraten, und das geschah häufig, dann wusste ich, dass ich wieder etwas lernen durfte. Dann führte ich eine „Zwiesprache mit dem Unbewussten". In diesem ZUB erfuhr ich jeweils die Botschaft des Schmerzes, woraufhin er sich innerhalb von Minuten auflöste. Das war zwar eine sehr schmerzhafte Art der Kommunikation, da diese Schmerzen jeweils sehr stark bis unerträglich waren – und keine Schmerzmittel wirkten, die ich vertrug. Aber ich habe sehr viel dadurch gelernt und mein Bewusstsein immer mehr erweitern können.

Hätte ich Schmerzmittel gehabt, hätte ich sicherlich so manche Botschaft nicht gehört und so manches nicht bearbeitet und aufgelöst. Es war immer wieder unglaublich und faszinierend für mich, wie ein unerträglicher Schmerz, der mitunter zehn Stunden anhalten konnte, bis ich dazu kam, ein ZUB durchzuführen, innerhalb von Minuten völlig verschwand, wenn ich die Botschaft erkannt hatte. Bei meinen Klientinnen und Klienten funktioniert es übrigens genauso. Akute Schmerzen lösen sich innerhalb von Minuten auf.

Nun zurück zum Malen. Eines Tages bekam ich morgens einen Klammeraffen, der den ganzen Tag anhielt. Von allein gingen diese Schmerzen nie weg. Aber dieses Mal fand ich die Botschaft nicht heraus. Ein ZUB mit sich selbst durchzuführen, ist nicht besonders einfach, aber normalerweise gelang es mir immer. Erst nach über 12 Stunden Schmerzen, erkannte ich die Botschaft: Ich sollte nicht immer so bescheiden sein, mich so begrenzen und räumlich einengen. Ich sollte mir was gönnen. Augenblicklich liess der Schmerz nach und verschwand innerhalb von Minuten. Ein untrügerisches Zeichen dafür, dass ich die Botschaft richtig verstanden hatte.

Was war passiert? Erinnern Sie sich, liebe Leserin, lieber Leser, an die Affirmation, die ich mir seit meinen ersten Tagen in Davos täglich vorsage? „Ich habe es verdient, erlaube mir und danke dafür, dass ich auf Dauer vollkommen gesund, glücklich…. und **wohlhabend** in Davos sein darf." Bevor der Klammeraffe am Morgen aufgetreten war, hatte ich diese Affirmation wie hunderte Male vorher auf meinem Weg auf die Schatzalp gesungen – und bei dem Wort „wohlhabend" war ich wie immer zusammen gezuckt. Denn bei dem Wort sah ich immer ein grosses Haus mit grossem Garten vor dem inneren Auge, was ja nun wirklich nicht nötig war!

Nun dachte sich der wohlwollende Teil, der mir den Klammeraffen schickte, also offenbar, es sei an der Zeit, mit diesem begrenzenden Denken aufzuhören und mir mehr Raum zu gönnen. Meine Wohnung und Praxis platzten schon lange aus allen Nähten. Wer selbstständig ist, viel Büromaterial braucht, Patientendossiers, Buchhaltungs- und Steuerunterlagen von vielen Jahren aufheben muss, weiss, wovon ich spreche. Kurz vorher hatte sich mir angeboten, im Untergeschoss meines Hauses ein Studio dazu zu mieten. Das Angebot hatte ich natürlich aus Bescheidenheit – ist doch nicht nötig, muss auch so gehen – abgelehnt.

Nun wurde ich im ZUB darauf hingewiesen, einen Raum dazu zu mieten und dort ein Malatelier einzurichten. So kam ich zu einem zusätzlichen Raum, den ich auch noch als Lagerraum, Archiv und zusätzlichen Computerarbeitsplatz, falls mir jemand bei Büroarbeiten half, nutzen konnte. Voll Freude richtete ich ihn ein und konnte nun auch professionell Malunterricht anbieten und meine Beratungen mit Malen ergänzen. Nun konnte ich endlich immer alle Malutensilien stehen lassen. Bald zeigte sich, dass der Raum noch einen zusätzlichen Vorteil hatte: Wenn jemand für ein oder mehrere Wochen zur Intensivberatung zu mir kam, was meist von Personen aus dem Ausland oder von weiter her genutzt wurde, konnten sie sich ausserhalb der Beratungsstunden in meinem Atelier versuchen und hatten damit schon fast ein kleines klinikähnliches Angebot. So wurde ich wieder einmal durch Leidensdruck zu meinem Besten geführt. Und andere profitierten auch noch davon. Denn, so erfuhr ich immer wieder, was für mich gut war, war letztlich auch für andere gut. Wenn ich mich entwickelte und entfaltete, profitierten auch andere davon.

Ein Kindheitstraum geht in Erfüllung

Ein Jahr, nachdem ich das Malen entdeckt hatte, erfüllte sich mein Kindheitstraum. In meiner Kindheit wollte ich immer Klavier spielen lernen. Irgendwie durfte ich das aber nicht. Als Teenager durfte ich aber zwei Jahre Orgel spielen lernen. Auf einer Kirchenorgel, ohne Pfeifen, die mir mein Onkel, ein Pfarrer, geliehen hatte. Nach zwei Jahren nahm er sie mir leider wieder weg, weil meine Eltern angefangen hatten sich zu streiten, von Scheidung sprachen und eine Kirchenorgel nicht in einem solch gottlosen Haus stehen durfte. Von da an hatte ich immer davon geträumt, wieder Orgel zu spielen. Ich habe sogar nachts davon geträumt, es mir aber irgendwie nie gegönnt, wieder damit zu beginnen. Irgendetwas hinderte mich immer daran: Als ich studierte, hatte ich kein Geld. Als ich an der Universität arbeitete, hatte ich keine Zeit. Als ich arbeitslos war, hatte ich kein Geld… So gab es immer eine andere „Ausrede". In Davos hatte ich zuerst natürlich auch weder Geld noch Platz, aber als ich dann Geld hatte und es nur noch am mangelnden Platz in meiner, wie schon gesagt, viel zu engen Wohnung lag, geschah Folgendes.

Meinem Partner hatte ich natürlich auch immer wieder erzählt, wie gerne ich wieder Orgel spielen würde. Offenbar dachte er sich eines Tages „Jetzt will ich mal wissen, ob sie nur redet, oder ob sie es ernst meint". So klingelte es einige Tage vor meinem 46. Geburtstag an meiner Türe und ein Paketdienst lieferte ein Paket für meinen Partner ab. Er liess sich öfters Pakete an meine Adresse senden, da er tagsüber in Zürich arbeitete und dort an seiner Wohnadresse keine Pakete entgegennehmen konnte. Am Wochenende kam er jeweils nach Davos und konnte seine Pakete bei mir in Empfang nehmen.

Als ich das schwere, längliche Paket in die Wohnung schleppte und zufällig drehte, sah ich auf der Rückseite die Abbildung einer Tastatur. Ich riss die Augen auf: Sollte das heissen, mein Freund wollte mir zum Geburtstag eine Orgel schenken??? Ich ging in die Knie und fing an zu weinen wie ein Schlosshund. Die Vorstellung, wieder in die Tasten greifen und Töne hervorbringen zu dürfen, berührte und erfreute mich so sehr, dass ich durch und durch geschüttelt wurde. Grosse Freude und Dankbarkeit durchströmten mich: „Wie ausserordentlich lieb von ihm!"

Das war der Beginn meines zweiten wundervollen kreativen Hobbies. Es war zwar wirklich eine Herausforderung, Platz für die Tastatur, die zudem an einen Computer angeschlossen werden musste, zu finden. Aber wo ein Wille ist, ist auch ein Weg. Ich war nicht bereit, das Instrument zurückzugeben. So gestalteten wir das ganze Wohnzimmer neu und bauten passende Möbel für die benötigten Geräte. Die Schreinerarbeiten machten mir grosse Freude, waren Sie doch in meiner Jugend ebenfalls eine meiner Leidenschaften gewesen. Schon mit 15 Jahren hatte ich mein erstes Regal gebaut. Allerdings etwas windschief. Aber das nur nebenbei.

Ich wollte keinen Orgelunterricht nehmen, da ich nicht noch mehr Termine in meiner Agenda haben wollte. Also ging ich auf die Suche nach einem guten Lehrbuch, fand jedoch nur eines für Klavierspieler. Das war mein Glück: Nun konnte ich meinen Kindheitstraum erfüllen und sogar das Klavierspiel erlernen. Mit der beigelegten CD ging es recht leicht und machte grossen Spass. Toll, was es heute alles gibt! Das Klavierspiel tat mir sehr gut, brachte mich oft in Ekstase und förderte meine Kreativität und Lebensfreude noch mehr. Es war, wie das Malen, hervorragend geeignet, um zwischen zwei Klientinnen und Klienten, zwischen denen ich seit meinem Asthmaschub immer eine grössere Pause machte, abzuschalten und mich wieder mit neuer Energie aufzuladen. Mein hoher Anspruch an mich war und ist nämlich, dass ich für jede Klientin und jeden Klienten fit und wach bin und mich auf jeden freue, statt irgendwann am Tag oder Abend zu denken: „Jetzt hätte ich lieber meine Ruhe."

Ein gutes Jahr später war ich soweit, dass ich mir eine Tastatur wünschte, mit der ich das dynamische Spiel eines Klaviers nutzen konnte. Die erste Tastatur konnte das nicht, was für einen Anfänger völlig ausreichend war. Durch glückliche Fügung und Führung fand ich mein elektronisches Traumklavier, dessen Sound so echt war, dass ich mich sofort verliebte. Dieses Klavier musste es sein und sonst keines. So erfüllte ich mir mit 47 Jahren meinen Kindheitstraum eines eigenen Klaviers und war im siebten Himmel. Ich konnte nicht genug von dem Tastengefühl und dem

Sound bekommen. Mein Freund wurde schon fast eifersüchtig auf seinen Nebenbuhler „Roland", wie ich mein Klavier entsprechend der Herstellerfirma getauft hatte.

So war mein Leben seit 2003 stetig schöner, erfüllter, erfreulicher, leichter, vielseitiger und interessanter geworden. Seit dem Asthmaschub in 2008, aufgrund dessen ich mir mehr Zeit für mich gönnte und somit auch mehr Hobbies und Interessen nachgehen konnte, steigerte sich meine Lebensqualität nochmals. Die Wanderungen, die ich dreimal unter der Woche vormittags auf die Schatzalp unternahm, trugen sehr viel zu meiner hohen Lebensqualität bei. Sie waren für mich wie Kurzferien. Dadurch konnte ich nachmittags und abends meinen Klientinnen und Klienten voll Freude und immer vollkommen fit und ausgeglichen mein Bestes geben. Der Wald, durch den ich bergan lief, reinigte mich spürbar von allem, was mir nicht dienlich war, von allen Energien, negativen, belastenden Gedanken und Emotionen. Obwohl ich morgens als erstes meditierte, für alles in meinem Leben dankbar war, affirmierte und visualisierte, nutzte ich meine Schatzalpgänge ebenfalls für Meditation und Affirmation. Ich bekam dort auch viele Inspirationen und Ideen für meine Arbeit.

Ich hatte mir ein sehr schönes Leben im Rhythmus von Anspannung und Entspannung, erfüllender Arbeit und Freizeit geschaffen. Ich war zutiefst dankbar für jeden Tag, den ich so in meinem persönlichen Paradies in der Landschaft von Davos leben und arbeiten durfte. An den Wochenenden unternahmen wir lange Wanderungen in den Bergen mit Picknick oder einer Beizeinkehr. Im Winter unternahmen wir wunderschöne Langlauftouren. Ich genoss das Leben in vollen Zügen.

Bei meiner Bilanz im Januar 2008 war das einzige, was noch nicht so ganz nach meinem Wunsch war, dass ich keine Freundin in Davos hatte. Meine erste Freundin war nämlich seit 2005 kaum noch in Davos, da sie ihre Ferienwohnung auf Dauer vermietet hatte. Deshalb affirmierte ich damals im Januar, dass ich ein paar nette Freundinnen finden würde. Und auch dieser Wunsch hatte sich erfüllt. Ich habe heute so viele liebevolle, interessante und tolle Freundinnen und Kolleginnen, dass ich mich rundum wohl und sehr bereichert und geschätzt fühle. Ich geniesse das Zusammensein mit ihnen und unsere inspirierenden Gespräche.

Mysteriöse Zwischenfälle

Liebe Leserin, lieber Leser, bisher habe ich Ihnen die Botschaft des zweiten Hautkrebses vorenthalten. Das mit gutem Grund. Denn mit dieser Botschaft begann ein wichtiger neuer Entwicklungsstrang in meinem Leben, den ich nun nicht länger vor Ihnen geheim halten möchte.

Wie ich schon erwähnte, wendete ich beim zweiten Hautkrebs nicht mehr das Krankheitsbilderdeuten nach Dahlke an, mit dem ich meine Schwierigkeiten hatte, spezifische Botschaften zu erkennen. Ich machte stattdessen ein ZUB und erhielt folgende Botschaft: „Öffne dich noch mehr für die geistige und spirituelle Welt." Ich war sehr überrascht und wusste nicht, was das bedeuten sollte. Meine erste Reaktion war: „Was soll das denn noch sein? Ich bin doch seit Jahren täglich mit dem Universum, mit der höheren Weisheit und Kraft unterwegs! Ich habe mit ihrer Hilfe so viel erreicht, meine Lebensqualität so verbessert, so viel Freude, Fülle, Gesundheit und Glück in mein Leben gebracht. Auch meine Klientinnen und Klienten, die meinen Ansatz (so nannte ich die AK-Strategie® damals noch, weil ich noch keinen Namen für sie hatte) ausprobiert haben und ausprobieren, erleben solche Wunder über Wunder! Was soll denn das jetzt noch sein? Soll ich etwa Geistheilerin werden, oder was?"

Ich gebe zu, dass für mich das Wort „Geistheiler" negativ besetzt war. Ich hatte mich zwar noch nie genauer damit beschäftigt und wollte mir kein abschliessendes Urteil über etwas oder jemanden erlauben, ohne das Thema studiert zu haben. Aber irgendwie war mir die Sache suspekt. Einige Klientinnen und Klienten hatten mir erzählt, sie hätten mal mit „jemandem" telefoniert und der oder die hätte über die Ferne irgendetwas gemacht. Aber das hatte dann nichts oder nichts Nachhaltiges gebracht. Deshalb hatte ich mich nie weiter dafür interessiert.

Als mir während des ZUB diese Botschaft meines Hautkrebses übermittelt wurde, war mir das mit der Geistheilerin „so rausgerutscht", aber es war auch gleich wieder vergessen. Ich war so verwirrt wegen der Botschaft, dass ich zwei Fachpersonen aufsuchte, um die Botschaft überprüfen zu lassen. Beide bestätigten die Botschaft. Ich liess nachfragen, was es denn bedeutete, mich noch mehr mit der geistigen und spirituellen Welt zu beschäftigen. Die Antwort lautete: „Lass' dich führen. Dir werden die richtigen Menschen begegnen, die richtigen Bücher in die Hände fallen und so weiter."

So eine ungenaue Angabe war für meinen Wissenschaftlerverstand, der gerne voraus plante und einen Drei- bis Fünfjahresentwurf wünschte, nicht sehr befriedigend, aber ich konnte nichts erzwingen. Heute weiss ich, dass uns das Universum kaum den grossen Plan von Anfang an vor die Füsse legt. Und das hat gute Gründe.

Ich brauchte aber nicht lange zu warten, da ging das Abenteuer schon los. Mir fielen tatsächlich interessante, aber auch sehr verwirrende und meinen Verstand nun gänzlich herausfordernde Bücher in die Hände.

Dann geschah etwas sehr Merkwürdiges in einer meiner Beratungen. Während eines ZUB mit einem Klienten, der eine nicht heilende Operationswunde hatte, sagte ihm sein Unbewusstes, mit dem wir sprachen, er solle sich mehr mit dem Nichts beschäftigen. Wir wussten beide nicht, was das Nichts war, doch es wurde ihm gezeigt. Er geriet in einen Zustand, der nur schwer mit Worten zu beschreiben ist. Er erlebte völlige Leichtigkeit und Freiheit, sagte, es sei ganz dunkel (ich dachte erst, das müsse sehr unangenehm sein, aber offenbar war das sehr angenehm), er sei ganz winzig und trotzdem gleichzeitig überall. Ihm liefen Tränen der Glückseligkeit übers Gesicht. Man könnte meinen, er sei im Nirwana.

Als er wieder „zurück im Hier und Jetzt" war, sagte ich tief berührt zu ihm, der Schulmediziner und reiner Rationalist war: „Entweder haben Sie heimlich Bücher gelesen, von denen Sie mir nichts erzählt haben, oder Sie haben gerade etwas ganz Aussergewöhnliches erlebt, von dem wir beide noch nicht wissen, was es war." Er sagte, er habe keine Bücher gelesen, aber er werde sich jetzt mit dem Nichts beschäftigen. Wir fanden dann beide heraus, dass „Nichts" ein anderes Wort für Leere, Gott, Brahman, Quelle von allem, was ist und so weiter, ist. Der Klient fing an, sich mit dem Nichts zu beschäftigen, öffnete sich für das Nichts und das Universum, fand auf einen spirituellen Weg und die Wunde heilte schnell ab.

Die Worte und Beschreibungen, die der Klient benutzt hatte, ähnelten sehr dem, was ich vorher schon gelesen hatte und was mich so verwirrt hatte. Wie konnte man ganz winzig sein und gleichzeitig überall? Ich hatte mich mit Quantenphysik beschäftigt, doch geriet ich oft an die Grenzen meiner Vorstellungskraft. Die Quantenphysik verlangte ein Denken in ungewohnten Bahnen, die mir sogar manches Mal im wahrsten Sinne des Wortes Kopfschmerzen verursachten. Dann musste ich ein solches Buch wieder für einige Zeit weglegen, bevor ich mit dem Lesen fortfahren konnte.

Es dauerte aber nicht lange, da durfte ich das nächste äusserst erstaunliche Ereignis aus nächster Nähe erleben. Ich wollte mit einer Klientin ein ZUB machen, da wir die Botschaft ihrer ständigen Kopfschmerzen herausfinden wollten. Da sie sehr rational und kopflastig war, machte ich eine längere Entspannungsübung vorweg als üblich, um ihr zu ermöglichen, mit ihrem Unbewussten in Kontakt zu kommen. Als sie tief entspannt war und wir gerade mit dem ZUB beginnen wollten, geschah etwas höchst Mysteriöses: Ihr erschien ihre kürzlich verstorbene Tochter. Ich konnte die Tochter nicht sehen und nicht mit ihr sprechen, aber meine Klientin konnte es. Es war ein sehr bewegendes Erlebnis. Sie sprachen miteinander, und auch ich konnte Fragen stellen, und meine Klientin „übersetzte" mir die Antworten. Wir waren tief berührt, bewegt, fast erschüttert, aber im positiven Sinne. Meine Klientin konnte danach mit dem frühen Tod ihrer Tochter viel besser umgehen und wurde bald gesund.

Bei unserem nächsten Treffen sagte mir meine Klientin, sie hätte nur ihrem Mann von dem Erlebnis berichtet, sonst könne man ja niemandem so etwas erzählen. Sie teilte mir mit, dass ihr Mann vielleicht auch einmal kommen wolle, um mit seiner Tochter Kontakt aufzunehmen. Ich sagte ihr, dass ich leider gar nicht wüsste, wie das ginge, dass ich unser Erlebnis vom letzten Mal nicht initiiert hätte, dass ich mich noch nie mit Verstorbenen beschäftigt hätte, dass ich mich noch nie damit beschäftigt hätte, woraus das Universum, von dem ich immer sprach und mit dem ich immer zusammenarbeitete, bestand. Ich hatte das Universum immer als eine abstrakte, einheitliche „Masse" betrachtet.

Angesichts der Tatsache, dass bald der Vater der Verstorbenen vor meiner Türe stehen könnte, begann ich, Bücher zu lesen und Gespräche mit erfahrenen Personen zu führen. Ich begann, mich immer mehr dafür zu interessieren, woraus sich das Universum, die geistige Welt zusammensetzte, und fragte mich, ob es da wirklich verschiedene „Wesen", „Elemente", „Einheiten", „Teilchen" gab. Wie sollte ich diese „Teile" nennen?

Die Offenbarung

Kurz darauf fiel mir ein Buch in die Hand, das meinem Leben eine neue Wendung gab. Es war das Buch „Meister Hilarion beantwortet Lebensfragen". Meister Hilarion war ein sogenannter aufgestiegener Meister, der von einer Frau namens Ursula Scheit gechannelt wurde. Beide Begriffe, „aufgestiegener Meister" und „channeln", sagten mir nichts. Aber ich sollte bald erfahren, was diese Begriffe bedeuteten.

In diesem Buch gab die Autorin die Antworten von Hilarion wieder, die sie für ihre Klientinnen und Klienten in ihren Sitzungen von ihm empfangen, das heisst gechannelt hatte. Die Klientinnen und Klienten kamen mit allen möglichen Fragen und Problemen in allen Lebensbereichen zu Frau Scheit, so wie meine Klientinnen und Klienten zu mir kamen. Mit dem Unterschied, dass nicht Frau Scheit selbst die Antworten gab, sondern Hilarion.

Das Buch wurde zu einer Offenbarung für mich. Ich lebte mittlerweile sieben Jahre mit der neuen Lebensphilosophie und der darauf aufgebauten AK-Strategie®. Mit „meinen" Thesen, die für viele Ohren oft „verrückt" klangen, stand ich meistens allein. Mein Umfeld, meine Freunde und meine Familie respektierten mich und ich respektierte sie. Jeder beliess jeden in seinem Denk- und Glaubenssystem. Bestenfalls stimmten sie mir in einzelnen Punkten zu, wenn es ihnen nicht allzu absurd klang, was ich zu sagen hatte. Meistens hatte ich aber sehr viel „Gegenwind". Es gab auch genug Menschen, die mich für „durchgeknallt" hielten. Die Dunkelziffer ist wahrscheinlich höher als die Zahl der Menschen, die mir direkt ins Gesicht sagten, was sie von meinen Thesen hielten. Auch meine Klientinnen und Klienten waren zumindest in der ersten Sitzung mehr oder weniger skeptisch und in Abwehr. Freundlich formuliert lautete das dann ungefähr: „Aber Frau Keil, das glauben Sie doch wohl selbst nicht!"

Ich konnte mit dieser Gegenwehr sehr gut umgehen, ja liebte sogar kontroverse Diskussionen. Ich bin vor allem den Menschen, die mich extrem herausforderten, besonders dankbar. Denn gerade durch sie konnte ich mein klares, präzises Argumentieren schulen und war stets gefordert, noch eindrücklichere, bessere und verständlichere Beispiele und Vergleiche zur Erläuterung meiner Thesen zu finden.

Nun las ich also dieses Buch von Hilarion – und mir standen wieder einmal die Nackenhaare zu Berge. Er sagte alles das, was ich mir im Laufe der Jahre ausgedacht hatte. Er vertrat dieselben Thesen (und noch etliche mehr) wie ich, oft bis in die Formulierung hinein. Er sagte die Dinge, mit denen ich sieben Jahre allein gestanden hatte und für die ich so oft angegriffen worden war. Es tat unendlich gut, die Thesen der AK-Strategie®, die über die Bücher von Hay, Dahlke, Ponder, Egli und anderen hinausgingen, mal aus einem anderen Mund zu hören. Was aber noch viel ergreifender war: Mir wurde schlagartig klar, dass die Thesen, Erläuterungen, Beispiele, Vergleiche und Formulierungen der AK-Strategie® nicht auf meinem „Mist" gewachsen waren, nicht von meinem Verstand produziert worden waren, wie ich in den meisten Fällen gedacht hatte. Sie waren mir eingegeben worden. Heute weiss ich, dass Hilarion einer meiner Geistführer ist und mich und die AK-Strategie® mit geprägt hat.

Mir war schon klar gewesen, dass ich einige Thesen vom „Universum" erhalten hatte. Zum Beispiel die These, dass die Liebe die Lösung für alle Probleme sei. Denn diesen Satz hatte mir eine Stimme schon in meiner Anfangszeit in Davos eines Morgens kurz vor dem Aufwachen mitgeteilt. Dieser Satz ging sofort mit etwas in mir in Resonanz, so dass er von Anfang an absolut wahr für mich war. Selbst mein ewig skeptischer Verstand hatte keine Einwände. Allerdings half mir der Satz an jenem Morgen nicht weiter. Ich hatte nämlich jahrzehntelang studiert, was Liebe ist. Ich hatte Äusserungen von Philosophen, Psychologen, Pädagogen, Anthropologen, Soziologen, Literaten, Künstlern und anderen zu dem Thema studiert. Meine Dissertation behandelte unter anderem auch dieses Thema, aber ich wusste immer noch nicht, was Liebe denn sei.

Die Antwort kam am nächsten Morgen auf dieselbe Weise: „Lieben heisst, annehmen und respektieren, was ist und wie jemand ist. Immer. Bedingungslos." Jetzt wusste ich es. Auch mit der Äusserung ging etwas in mir in Resonanz. Auch hier gab es keinen Widerspruch. Es war, als ob ich es schon immer gewusst hätte. Es war das Selbstverständlichste von der

Welt. Es viel mir wie Schuppen von den Augen. Ich war sehr erleichtert. Jahrzehntelange Studien hatten mir keine Antwort gegeben. Ein Satz am Morgen irgendwo aus dem Universum sagte ganz einfach und klar die Wahrheit. Die Wahrheit, die für mich stimmte.

Ich las das Buch von Hilarion dreimal hintereinander und verinnerlichte jedes Wort, nahm seine Schwingung auf, vertiefte und ergänzte meine Thesen. Nie zuvor hatte ich ein solch liebevolles Buch gelesen, in dem jedes Wort von solcher Liebe, solchem Verständnis, solcher Geduld und solchem Mitgefühl erfüllt war.

Mit allem, was Hilarion sagte, konnte ich noch nicht mitgehen, aber ich wollte damit experimentieren. Überhaupt machte mir ja das Experimentieren mit dem Leben seit sieben Jahren grosse Freude. Ich wollte wissen, wie das Leben funktionierte, was die universalen Gesetzmässigkeiten waren, wie ich funktionierte und wie meine Mitmenschen funktionierten, wo Gemeinsamkeiten und wo Unterschiede waren, unter welchen Umständen die Kraft der Gedanken funktionierte und wie wir unsere Probleme auflösen und unsere Ziele erreichen sowie unsere kühnsten Träume noch übertreffen konnten. Ich wollte wissen, welche Bedingungen erfüllt sein mussten, wie der Weg war, wie lange er dauerte, wie man das Erreichen des Zieles beschleunigen konnte, ob es denn überhaupt gut war, etwas zu beschleunigen, und wenn ja, unter welchen Bedingungen.

Nun entstand ein weiterer Wunsch in mir. In Hilarions Buch las ich, dass manche Klientinnen und Klienten von Frau Scheit Hilarion fragten, welches Thema als nächstes zur Bearbeitung und Heilung anstand, welche Schatten sie ans Licht holen und integrieren durften. Hilarion gab ihnen Antwort und ermunterte sie, ihn jederzeit zu fragen. Ausserdem wies er darauf hin, dass jeder die Fähigkeit hätte, ihm Fragen zu stellen, und er würde immer antworten. Diese Vorstellung elektrisierte mich. Wenn ich selbst lernen würde, mit Hilarion zu kommunizieren, so wie Ursula Scheit dies tat, dann konnte ich ihn immer schon im Vorhinein, sozusagen präventiv fragen, wo ich gerade eine Lern- und Heilchance hatte, **bevor** ich einen körperlichen

Schmerz oder einen anderen Leidensdruck bekam. Dann wären die Klammeraffen und Magenschmerzen nicht mehr nötig, keine Wasserrohrbrüche, Hautkrebse und Sonstiges!

In mir entbrannte der Wunsch, channeln zu lernen. So stürzte ich mich in mein nächstes Leseabenteuer und verschlang entsprechende Bücher und übte und übte. Mit meinen Erfolgen war ich nicht so zufrieden, aber ich gab nicht auf. Irgendwann, zum richtigen Zeitpunkt, würde ich mit meinem persönlichen Geistführer, mit dem, der für mich auf meiner Entwicklungsstufe gerade erreichbar war, kommunizieren können.

Geht ein Bewusstseinswandel durch die Menschheit?

Im Herbst 2010, wenige Monate nach der Entdeckung Hilarions, bekam ich das Angebot, einen Workshop über die Kraft der Gedanken bei der Schweizer Kader Organisation zu halten. Ich hatte es immer geliebt, Seminare zu geben, hatte es die letzten Jahre aber aufgegeben. Denn wenn ich ein öffentliches Seminar oder einen öffentlichen Workshop abhielt, wollten hinterher immer einige Personen zu mir in die Einzelberatung kommen. Da ich aber sowieso immer überbucht war und Probleme mit dem „Nein-Sagen" und Wegschicken hatte, fand ich es unfair, mit einer Veranstaltung auf mich aufmerksam zu machen und dann eine Einzelberatung zu verweigern. Ausserdem war das Organisieren von Veranstaltungen so ziemlich das Letzte, was ich gern tat, obwohl ich es gut konnte und an der Universität jahrelang Veranstaltungen und Konferenzen organisiert hatte.

Wenn mich allerdings eine Institution einlud und die Veranstaltung organisierte und ich zudem über mein Lieblingsthema sprechen konnte, das damals noch sehr umstritten war und heftige Abwehr bei Hörern erzeugte, willigte ich nur zu gerne ein. Kurz vor dem Workshop bekam ich allerdings starke Schmerzen im Steissbeinbereich. Ich wendete natürlich sofort die AK-Strategie® an und machte ein ZUB. Die Botschaft war zweifaltig: Erstens sollte ich mehr Leichtigkeit IN meine Arbeit bringen. Zweitens sollte ich wieder Seminare geben.

Mit der Leichtigkeit in meiner Arbeit war gemeint, dass ich zwar ein sehr schönes, leichtes Leben hatte, da ich eine perfekte Life-Work-Balance genoss und rund um meine Beratungstermine sehr viele schöne Dinge unternahm. Auch war meine Arbeit sehr erfüllend. Aber sie war nicht leicht. Die Beratungen vieler psychisch schwer kranker und depressiver Menschen forderten mich sehr. Die Botschaft lautete also, dass ich mehr Leichtigkeit in meine Beratungsarbeit selbst bringen sollte. Aber wie? Das würde sich mal wieder zeigen. Wieder waren Geduld und Vertrauen angesagt.

Kurz vor meinem Workshop, der in einem Hotel stattfinden sollte, wurde ich umdirigiert. Das Hotel hatte den Raum storniert, es wurde eine

Ausweichmöglichkeit im Seminarraum einer psychiatrischen Klinik gefunden. Ich fiel fast vom Stuhl vor Schreck im ersten Moment. Dann fing ich schallend an zu lachen: Das passte ja prima. Ich sollte über ein Thema sprechen, für das mich die letzten sieben Jahre viele Menschen für verrückt erklärt hatten – und das in einer psychiatrischen Klinik. Da konnten sie mich ja direkt dort behalten.

Ich zollte dem Vorstand der Schweizer Kader Organisation grossen Respekt. Denn eigentlich hatten sie mich eingeladen, einen Workshop zum Thema Burnout anzubieten. Ich hatte aber gesagt, ich sei nur bereit, einen Workshop zu geben, wenn ich über mein Lieblingsthema „Kraft der Gedanken" sprechen konnte. Nach einigen Tagen hatten sie zugestimmt. Das rechnete ich ihnen hoch an. Denn damals hatte ich nicht den Eindruck, dass schweizer Führungskräfte die alleroffensten und progressivsten Personen waren. Falsch gedacht.

Der Workshop wurde ein voller Erfolg. Ich traute meinen Augen und Ohren nicht. Ich rannte offene Türen ein. Die Frauen wie Männer arbeiteten engagiert mit. Hinterher gab es stehende Ovationen und eine lange Schlange. Jeder wollte mir die Hand schütteln und mir danken. Ich war überwältigt. Zum ersten Mal bekam ich nicht Gegenwind, wurde ich nicht ausgebuht, sondern erhielt ich noch Glückwünsche und Dankesbekundungen. Die Zeiten hatten sich geändert. Das machte wirklich grossen Spass!

Ich übte weiter channeln, und am Silvesterabend 2010 brachte eine Freundin ein Spiel mit: Bleigiessen. Mein Bleistück formte sich so kurios, dass wir alle darin einen alten, weisen Mann sahen. Ich sagte spontan: „In 2011 werde ich meinen Geistführer kennenlernen." Das konnte ja spannend werden.

Anfang 2011 kamen die Steissbeinprobleme so stark zurück, dass ich enorme Schmerzen hatte und mich kaum noch bewegen konnte. Mein ganzer Körper verkrampfte sich auf eine Art, als ob jedes Teilchen aus den Fugen geraten wäre. Notfallbehandlungen in der Osteopathie, von der ich sonst sehr viel halte, brachten dieses Mal nur vorübergehend Linderung. Hinterher brachen die Schmerzen umso stärker hervor. Ich wusste mir keinen Rat mehr und konnte vor Schmerzen kaum noch klar denken. Aber das

Universum meinte es gut mit mir. Aufgelöst wurde das Ganze durch ein höchst eigenartiges Phänomen, nämlich durch eine Art Explosion von Energien, die in enormen Wellen immer wieder durch meinen Körper liefen, bis sie schliesslich verebbten. Danach war Stille, und mein Körper wieder vollkommen entspannt und im Lot.

Kurz darauf hatte ich zweimal hintereinander heftige Schmerzen. „Meinen" Klammeraffen und „meine" Magenschmerzen. Jedes Mal war die Botschaft: „Öffne dich für eine neue berufliche Aufgabe." Ich war schockiert und beunruhigt. Ich liebte meinen Beruf und wollte ihn auf gar keinen Fall aufgeben. Sollte ich jetzt tatsächlich in den kaufmännischen Bereich wechseln und doch im Büro arbeiten? Mein Partner und ich versuchten, mit dem Muskeltest abzutesten, was es sein konnte. Immerhin hatte ich mit dem Malen und Klavierspielen begonnen. Vielleicht war meine nächste Karriere in dem Bereich? Fehlanzeige. Sollte ich etwa Buchhalterin werden? Für mich war mit das Schlimmste, mit Zahlen umgehen zu müssen. Zum Glück Fehlanzeige. Mein Partner schlug noch vor abzutesten, ob ich Informatikerin werden sollte. Das ist sein Beruf, den er leidenschaftlich gern ausübt. Für mich wäre das aber genauso schlimm wie Buchhaltung. Zum Glück war auch das eine Fehlanzeige. Dann fiel uns nichts mehr ein. So durfte ich loslassen, mich führen lassen und mich wieder in Geduld und Vertrauen üben.

Im Frühjahr 2011 wurde mein Wunsch nach Entrümpeln, nach mehr Raum und Platz in meiner Wohnung immer grösser. Ein Jahr vorher hatte ich angefangen, mich mit Feng Shui zu beschäftigen. In dem Zusammenhang hatte ich gelernt, dass vollgestopfte Räume nicht günstig für die Energieflüsse sind. Ich glaubte zwar noch überhaupt nicht an diese Dinge, doch ich wollte mal wieder Experimente machen. Wer weiss, was es noch alles Sinnvolles gab, das ich noch nicht kannte und anwendete. So hatte ich meine Wohnung schon etwas entrümpelt und versucht, nach Feng Shui einzurichten. Mir war aber klar, dass ich grössere, freie Flächen für mich brauchte. Mein Schlafzimmer und mein Bad waren winzig, die Küche nannte ich „meine Kombüse".

Um irgendwann mehr Platz zu haben, druckte ich mir aus dem Internet ein paar Fotos aus von Räumen, die mir gefielen, legte sie in meinem Meditationsordner ab und sah sie mir (fast) täglich bei meinen Meditationen, Affirmationen und Danksagungen an. Dazu gehörte auch ein Foto von der Rezeption einer Praxis, die nach Feng Shui eingerichtet war. Denn ich hätte es nicht schlecht gefunden, in zehn bis zwölf Jahren mit ein paar netten Kolleginnen und Kollegen zusammen eine Art kleines Gesundheitszentrum zu haben. Dieses wollte ich am liebsten nach Feng Shui einrichten. Denn, das musste ich sagen, wenn ich mich in bestimmten Räumen sehr wohl fühlte und mit dem Bewohner darüber sprach, bekam ich oft die Antwort, dass die Räume nach Feng Shui eingerichtet waren. So „arbeitete" ich mit diesen Fotos bis November 2011. Dann war mein Wunsch nach mehr Raum plötzlich verschwunden und die Fotos wurden zur Seite gelegt.

Die zweite Offenbarung

Im Herbst 2011 kam in mir der Verdacht auf, dass ich dieses Channeln allein nie lernen würde. Ein Seminar unter Anleitung einer erfahrenen Person war nötig. Ich suchte im Internet und liess mich wie bisher bei jeder Aus- und Weiterbildung von meinem Gefühl leiten. Da gab es ein Seminar in Zürich, in dem man lernen konnte, mit seinem persönlichen Geistführer in Kontakt zu treten. Genau das, was ich suchte! Doch leider ging es im ersten Teil darum, seinen Schutzengel kennenzulernen. Engel interessierten mich nun gar nicht. Ich hatte mir zwar noch nie Gedanken darüber gemacht, ob es sie gab oder nicht, aber ich hatte schon gehört, dass es Engelseminare gab. Ich muss zugeben, dass ich darüber eher lächelte. So ähnlich wie über die Leute, die zu Geistheilern gingen. Ganz schön überheblich. Aber ich hab´ mich trotzdem lieb. (Die Leserinnen und Leser, die mein Buch, „Die AK-Strategie®: Wie Sie mit Ihren Gedanken und Emotionen Ihre kühnsten Träume übertreffen" kennen und die Personen, die mich persönlich kennen, wissen, was ich damit meine.)

Im zweiten Teil des Seminars sollte es darum gehen, meinen „Schmerzkörper" kennenzulernen. Das interessierte mich auch nicht, denn ich arbeitete schon seit 2003 mit dem Konzept des „Schmerzkörpers". Erst im dritten Teil würde dann das kommen, was ich suchte: Kontakt mit dem persönlichen Geistführer. Ich biss in den sauren Apfel „Schutzengel" und „Schmerzkörper" und buchte das Seminar. Ich sollte es nicht bereuen, denn ich erlebte wieder einmal eine Offenbarung.

Wir lernten tatsächlich unsere Schutzengel kennen und unter anderem, dass man sich von ihnen behandeln lassen kann. Wir sollten ein emotionales oder körperliches Problem wählen, das wir hatten, um Behandlung bitten und dann schauen, was passierte. Wir standen alle im Kreis, und ich bat meinen Schutzengel – natürlich noch nicht an ihn glaubend –, er möge mein „Magenbrennen" behandeln. Ich konnte ja mal wieder mitspielen und so tun als ob, das heisst, ein Experiment machen. Während der Übung, also der Behandlung, passierte tatsächlich etwas. Mir war, als würde mich jemand dazu veranlassen wollen, in die Knie zu gehen. Das kam mir sehr merkwürdig vor. Ich blieb lange standhaft und weigerte mich. Ich öffnete mal kurz die Augen ein wenig und schaute mich um, ob irgendjemand von den anderen auf dem Boden sass, lag oder kniete. Nein, alle standen. Also würde ich auch nicht solch einen Quatsch machen und in die Knie gehen, obwohl die Seminarleiterin gesagt hatte, wir sollten alles machen, was unser Schutzengel uns anbot, auch wenn es noch so komische Verrenkungen wären.

Schliesslich gab ich doch nach. Dieser jemand veranlasste mich, mich hinzuknien und mich ganz einzurollen, wie ich es als Kind nach dem Bad unter meinem grossen Badetuch so gern getan hatte. Ein grosses Gefühl der Geborgenheit überkam mich wie damals als Kind. Ich war damals völlig geschützt in meinem „Zelt". Nun hatte ich zwar kein Zelt, aber fühlte mich trotzdem vollkommen geborgen. Da sprach eine Stimme in mir zu mir: „Sei vollkommen demütig. Du bist die Dienerin und Priesterin vor der Schöpfung." Dann war Stille. Nichts mehr. Fehlgeschlagen.

Ich hatte die Übung versaut. Ich hatte mich als einzige auf den Boden gelegt und einen Satz gehört, mit dem ich absolut nichts anfange konnte. Ich wusste weder, was mit demütig gemeint war (ein für mich negatives Wort, das mich an Schuld und Ohnmacht erinnerte). Ich wusste auch nicht, was mit Dienerin gemeint war. Für mich war das ebenfalls ein sehr negatives Wort. Ich sah dunkelhäutige Baumwollpflücker vor meinem inneren Auge, die im Schweisse ihres Angesichts gequält und ausgebeutet wurden. Das Wort Priesterin sagte mir auch nichts. Ich wusste, dass es in der katholischen Kirche Priester gab. Mit denen hatte ich aber mehrheitlich nicht die angenehmsten Erfahrungen gemacht. Im Altertum gab es auch schon mal Priesterinnen in Tempeln, wie ich im Lateinunterricht gelernt hatte. Aber die waren ja äusserst suspekt, machten so völlig irrationale Dinge wie Wahrsagen... ich erinnerte mich dunkel an das Orakel von Delphi. Das waren interessante und schöne Reiseziele, aber man belächelte den Aberglauben der damaligen Zeit, schüttelte den Kopf und dachte: „Was waren das doch für fehlgeleitete Leute damals. Wir sind ja heute viel weiser und vernünftiger. Gut, dass wir heute leben und nicht mehr so blind und unbewusst sind wie die damals."

Was mit" Schöpfung" gemeint war, wusste ich auch nicht. Und dann war da noch die in meinen Augen grammatisch völlig verkehrte Formulierung „**vor** der Schöpfung". Ich stand seufzend auf und setzte mich zu den anderen in die Feedbackrunde. Als ich an die Reihe kam, traute ich mich kaum, von meiner erfolglosen Erfahrung zu berichten. Aber schliesslich war mir ja als AK-Strategie® Coach egal, was andere von mir dachten…. Die Seminarleiterin jedoch schwieg ein paar Momente, nachdem ich mein Erleben geschildert hatte und sagte dann: „Nimm das mal so an. Lass' es mal so stehen. Du hast vielleicht Fähigkeiten, die dir nicht bewusst sind und die du noch nicht zulassen kannst."

Am Nachmittag war es dann endlich soweit: Ich durfte meinen persönlichen Geistführer kennenlernen und mich mit ihm energetisch verbinden. Das war ein eindrückliches Erlebnis. Ich spürte intensiv seine Energie, als ich mich mit ihm bewusst verband. Ich fühlte, wie ich innerlich grösser und stärker wurde, wie sich meine eigenen Emotionen so veränderten, wie ich sie an mir nicht kannte. Bei manchen Seminarteilnehmerinnen und Seminarteilnehmern konnte man sogar äusserliche Veränderungen wahrnehmen. Es war höchst verblüffend. So veränderten sich die Haltung und das Gesicht einer Teilnehmerin, während sie sich mit ihrem persönlichen Geistführer verband, so dass sie an eine Figur erinnerte, wie man sie aus Zeichnungen aus dem alten Ägypten kannte. Ich traute meinen Augen nicht. Veränderte sich ihre Physiognomie tatsächlich oder war ich einfach nur plötzlich in der Lage, die Energie ihres Geistführers zu „sehen"? Mit meinem sogenannten Dritten Auge vielleicht? Mein skeptischer Verstand lief auf Hochtouren, um das Erleben zu analysieren und als Einbildung abzutun.

Während wir alle mit unserem Geistführer verbunden waren, sah sich die hellsichtige Seminarleiterin jeden Teilnehmer und jede Teilnehmerin einzeln an und sagte ihm oder ihr, was sie sah. Sie sah verschiedenstämmige Schamanen und Mönche, sogar Tiere, und ich war gespannt, was sie bei mir sehen würde. Aber bei mir sagte sie, sie würde keine irdische Form sehen, nur mein Gesicht würde sehr hell leuchten. Sie vermute, dass mein persönlicher Geistführer nie auf der Erde gelebt hatte und ein Engel war.

Ich war enttäuscht, denn das konnte ich nicht glauben. Ich hatte gelesen, dass Engel und Geistführer verschiedene Dinge sind. Also konnte mein Geistführer kein Engel sein. Ich wollte, wie die anderen, einen Geistführer haben, der einmal auf der Erde gelebt hatte, zur Erleuchtung gelangt war und mir nun von der anderen Seite aus durchs Leben half. Insgeheim hatte ich gehofft, dass Hilarion mein persönlicher Geistführer war. Schon wieder war etwas schief gelaufen.

Als wir dann aber lernten, uns mit der Energie unseres Geistführers zu verbinden und einen anderen Seminarteilnehmer von ihm „behandeln" zu lassen, wendete sich das Blatt. Ich musste zugeben, dass die Energie, die während der Behandlung durch meinen Körper und meine Hände zu dem Kollegen floss, stark spürbar war. Noch erstaunlicher war, dass er selbst Energie spürte und dann einen angenehmen Ton im Ohr vernahm, obwohl ich ihn nicht berührte, sondern mit circa 50 cm Abstand vor ihm sass. Das war schon ziemlich eindrücklich. Sollte es das tatsächlich geben, dass man sich mit einer Art Energie verbinden und diese zu einer anderen Person leiten konnte? Und plötzlich war er wieder da, dieser alte Wunsch in mir.

Ich hatte nämlich schon jahrelang den Wunsch gehabt, die Hände aufzulegen, ohne dass ich mich je damit beschäftigt, Bücher gelesen oder Seminare besucht hätte. Ich hatte es sogar am Anfang bei einigen Klientinnen und Klienten intuitiv getan und erstaunliche Resultate erlebt. Aber ich hatte es wieder aufgegeben, da ich dachte: „Wer bin ich denn, dass ich mir das anmasse?!" Nun lernten wir, wie es gehen konnte.

Spontanheilung

Beeindruckt, erfüllt, aber auch verwirrt und höchst skeptisch kehrte ich von dem Seminar zurück. Ich erzählte natürlich meinem Partner davon, auch wenn er Rationalist, Informatiker und Analytiker war und nicht an die feinstoffliche, immaterielle, nicht-physische Welt glaubte. Aber er hatte mir immer zugehört und mich mit meinem Denksystem respektiert so wie ich ihn mit seinem Denksystem respektierte.

Zu meinem grössten Erstaunen sagte er nach meinem Bericht: „Das möchte ich auch ausprobieren." Ich schaute ihn mit grossen Augen an: „Was möchtest du ausprobieren?" „Die Behandlung durch deinen Geist-führer." Ich traute meinen Ohren nicht. Er, der nicht einmal an die Kraft der Gedanken, Affirmationen und Visualisierungen glaubte, wollte eine Behandlung von einem Geistwesen??? Aber er meinte es ernst.

Also fragte ich ihn, was er denn behandelt haben wollte. „Meine rechte Schulter und meinen rechten Arm." Dort hatte er seit einem dreiviertel Jahr eine chronische, unheilbare Erkrankung, die ihn stark einschränkte. Er konnte den Arm kaum noch heben, was im Alltag sehr unpraktisch ist. Das Schlimmste aber war, dass ihm der Arzt das Golf spielen verboten hatte. Er hatte sich zwar in dem knappen Jahr vielen Untersuchungen und The-rapien unterzogen, aber nichts hatte genützt. Er investierte viel Zeit in Arztbesuche und Therapiestunden und wollte offenbar einmal etwas an-deres ausprobieren.

Wir beide glaubten nicht daran, dass es etwas bringen würde, aber wir liessen uns einfach auf ein Spiel ein. Es konnte keine unerwünschten Ne-benwirkungen geben und dauerte nur zehn Minuten. Also, was soll´s. Ich setzte mich circa einen Meter von ihm entfernt vor ihn hin, verband mich mit meinem persönlichen Geistführer, wer auch immer das war, richtete meine Hände auf meinen Freund und bat um Behandlung seines Arms und seiner Schulter. Ich spürte ein Kribbeln, aber mein Freund sagte hinterher, er hätte nichts gespürt.

Direkt danach wollte mein Freund den 30 cm hohen, nassen, schweren Neuschnee von seinem Auto entfernen, damit er abends, wenn er nach Zürich zurück fuhr, nicht festgefroren war. Ich wollte ihm helfen, denn er konnte den rechten Arm kaum heben und schon gar nicht auf die Autodachhöhe. Er wollte aber meine Hilfe nicht.

Als er zurückkam, behauptete er, er hätte sein Auto allein vom Schnee befreit. Das konnte ich ihm nicht glauben. Ich dachte, ein Nachbar hätte ihm geholfen. Er behauptete, sein Arm und seine Schulter wären vollkommen in Ordnung, er hätte keine Schmerzen mehr und könne seinen Arm frei und so hoch bewegen, wie er wolle. So war es tatsächlich und ist es bis heute, dreieinhalb Jahre später, geblieben. Wir waren beide tief berührt, erstaunt und dankbar. Von dem Zeitpunkt an, öffnete er sich „für´s Universum" und ist heute ebenso mit den Engeln unterwegs wie ich.

Bald darauf durfte ich kurz hintereinander noch drei weitere Spontanheilungen erleben. Unter Spontanheilung verstehe ich eine Heilung, die mit einer einzigen Behandlung erfolgt. In zwei Fällen handelte es sich um Kinder, die über längere Zeit unter heftigem Husten und Atemnot gelitten hatten, bei denen die üblichen schulmedizinischen Medikamente und Therapien aber nichts bewirkt hatten. Diese beiden Kinder waren nach jeweils einer einzigen zehnminütigen Behandlung durch meinen persönlichen Geistführer gesund. Die vierte Spontanheilung betraf einen Mann mit einer heftigen Magen-Darm-Infektion, die er sich in einem südlichen Land geholt hatte.

Diese Spontanheilungen weckten natürlich meinen Enthusiasmus. Aber sie stürzten mich auch in eine heftige Krise. Wenn es so einfach war, mit nur zehn Minuten Geistführerbehandlung auch chronische Krankheiten zu heilen, dann war ja meine ganze AK-Strategie® hinfällig?! Dann stimmten ja meine Thesen nicht, dass man alles annehmen und in den inneren Frieden kommen, die Botschaft herausfinden und umsetzen musste. Das hiess, dass für eine nachhaltige Heilung gar keine Bewusstseinsveränderung nötig war, wie ich immer behauptet hatte.

Ich war verwirrt und zutiefst verunsichert, rief die Seminarleiterin an und erzählte ihr mein Dilemma. Sie aber beruhigte mich und sagte, dass bei der Geistführerbehandlung **hinterher** eine Bewusstseinsveränderung eintreten würde. Ich solle das mal beobachten. Das tat ich und stellte fest, dass nicht nur bei meinem Partner, sondern auch bei den anderen „Geheilten" hinterher eine Bewusstseinserweiterung und Öffnung für´s Universum stattgefunden hatte.

Die AK-Strategie® war gerettet. Umso mehr, da nicht jede Person auf die Geistführerbehandlung ansprach. In den Fällen bot ich dann wieder die AK-Strategie® an. So erweiterte ich mein Angebot für meine Klientinnen und Klienten: Wer für eine Geistführerbehandlung offen war, konnte es einmal versuchen. Wenn sie zur Spontanheilung führte, war das wunderbar. Wenn nicht, empfahl ich die AK-Strategie®. Ausserdem konnte eine Energieübertragung, wie ich die Behandlungen später nannte, wundervoll unter Schritt drei der AK-Strategie® als eine kraftvolle Methode der Veränderungsarbeit in den Veränderungsprozess eingebunden werden.

Ich wollte natürlich wissen, wer mein persönlicher Geistführer war, mit dem ich zusammenarbeiten durfte. Ich fragte auf verschiedenste Weise nach und erhielt immer die Antwort, dass es Erzengel Gabriel sei. Sogar der Muskeltest bestätigte dies. Doch ich konnte das nicht glauben, da ich gelesen hatte, in letzter Zeit würden sich alle „Medien", die channelten, einbilden, sie würden gleich Erzengel Gabriel channeln. Sie sehen, liebe Leserin, lieber Leser, wie sehr ich mich damals noch von negativem, begrenzendem, kleinmachendem Denken beeinflussen liess. Aber mit der Zeit konnte ich es nicht mehr leugnen, dass es Erzengel Gabriel war und ich akzeptierte es. Es entstand eine sehr schöne Beziehung zwischen uns.

Mittlerweile konnte ich ihn channeln und klar und deutlich hören und sogar sehen. Allerdings zeigte er sich mir immer so, wie viele Maler Jesus gemalt hatten. Also nahm ich eines Tages all meinen Mut zusammen und fragte Gabriel danach, der auf sehr humorvolle Weise reagierte. Ich sagte zu ihm: „Ich muss dich jetzt mal was fragen. Du sagst immer, du seiest Gabriel, aber ich finde, sorry, dass ich das so sage, du siehst aus wie Jesus auf den Bildern von früher." Daraufhin entstanden sofort grosse Flügel auf Gabriels Rücken, er wedelte heftig mit ihnen und sagte: „Ich bin Gabriel, aber Jesus ist auch wichtig für dich." Ich musste schallend lachen angesichts der Flügel. Aber ich war beruhigt und ging über seine Bemerkung bezüglich Jesus hinweg und vergass sie schnell wieder. Denn mit Jesus, muss ich zugeben, hatte ich nun gar nichts am Hut. Auch in diesem Falle belächelte ich die Personen eher, die sich mit Jesus beschäftigten, und respektierte sie in ihrem Denk- und Glaubenssystem ohne mit ihnen lange diskutieren zu wollen. Später sollte ich jedoch eine tiefgreifende Erfahrung machen.

Die letzten Monate von 2011 waren mit vielen Experimenten gefüllt. Ich liess viele Schutzengel-Behandlungen bei mir selbst durchführen und protokollierte akribisch, was geschah. Es passierten erstaunliche, unvorstellbare Dinge. Der Schutzengel oder die Schutzengel können tatsächlich alles behandeln und auflösen: Schmerzen aller Art, Blähungen, Warzen, heftige Emotionen wie Wut, Angst und Trauer, Entscheidungsunfähigkeit und vieles mehr. Zum Glück konnte ich meine Schutzengel auch hören und sie somit immer um Rat und Behandlung fragen, wenn ich eine Entscheidungshilfe brauchte, aufgewühlt war oder nicht weiter wusste. Ich habe lange Listen von Protokollen über meine Experimente und Erfahrungen mit den Engeln. Vielleicht werde ich diese eines Tages veröffentlichen, um den Menschen Mut zu machen und sie zu motivieren, sich ebenfalls das Leben viel einfacher zu machen, indem sie sich von den Schutzengeln helfen lassen.

Denn die Begegnung mit meinen Schutzengeln und mit Erzengel Gabriel (später kamen noch andere dazu), hat mein Leben nochmals erleichtert und meine Lebensqualität nochmals um etliches erhöht. Nicht als Konkurrenz zur AK-Strategie® und der Kraft der Gedanken, sondern als wundervolle Ergänzung im wahrsten Sinne des Wortes. Denn seitdem geschehen noch mehr Wunder in meinem Leben und in noch kürzerer Zeit. Manchmal brauche ich nur einen Gedanken zu denken und innerhalb von Minuten oder wenigen Stunden erfüllt er sich. Und seit meiner Begegnung mit den Engeln entwickelte sich mein Leben sehr schnell weiter, wie ich in der Rückschau erkennen kann. Man erkennt die Zusammenhänge ja meist erst im Nachhinein. Während des „Gehens" im Alltag tappt man oft blind umher und ist sich gar nicht bewusst, wozu einzelne Ereignisse gut sind, worauf sie hinauslaufen und wie sie zum grösseren Bild beitragen.

Während ich so intensiv damit beschäftigt war, die „Bewohner" des Universums näher kennenzulernen und meine Experimente mit ihnen zu machen, kam mir plötzlich eine Idee: Es war kein Zufall, dass Fridolin, der mein wahres Ich repräsentierte, ein Gespenst war. Selbst das war höchst symbolisch. Denn ich erkannte mit einem Schlag, dass mein wahres Ich viel mehr ist als meine menschlichen Gefühle und Bedürfnisse, wie ich bisher immer gedacht hatte. Plötzlich war für mich sonnenklar, dass mein wahres Selbst mein Höheres Selbst, eine geistige Dimension war. Ich lachte herzhaft über meine jahrelange Blindheit und freute mich gleichzeitig über meine neue Erkenntnis. Waren das Leben und meine Entwicklungsreise nicht wundervoll spannend!? Und ich sollte noch mehr Überraschungen mit Fridolin erleben.

Das Versprechen

Die Engel begannen mir zu sagen, es sei mir dienlich, mich aus der Delegierten Psychotherapie zu verabschieden. Das hiess, ich sollte die geforderten Weiterbildungen nicht mehr machen und keine neuen Patientinnen und Patienten mehr annehmen, die über die Grundversicherung kamen. Die bestehenden Beratungsverhältnisse sollte ich gut zu Ende bringen. Dann könne ich besser das tun und anbieten, was meiner inneren Führung und meinem Lebensplan entspreche. Dann könne ich meinen Klientinnen und Klienten auch die Schutzengel-Behandlung sowie Energieübertragung anbieten. Bis jetzt tat ich das nur sehr vereinzelt und gratis. Über die Krankenkasse konnte ich diese Dienstleistung nicht abrechnen. Erzengel Gabriel hatte mir schon gesagt, es sei zu meinem besten Wohle, wenn ich wieder mit den Händen Energie übertragen würde, als ich ihn in jenem Seminar kennenlernte. Auch wenn ich damals nicht wusste, dass er es war.

Der Gedanke, mich aus der Delegierten Psychotherapie zu verabschieden und mich „selbstständig" zu machen, war für mich aber sehr beängstigend. Denn trotz der auch vorhandenen Nachteile der Delegierten Psychotherapie war sie für meine Klientinnen und Klienten und mich ein Segen und versprach relative finanzielle Sicherheit. Ich hatte sehr viele Klientinnen und Klienten, die sozialhilfeabhängig, Invaliden-Rentnerinnen und -Rentner oder arbeitslos waren. Wie sollten sie mich bezahlen können? Wenn ich aus der Delegierten Psychotherapie ausstieg, konnte ich sie nicht gratis oder unter Wert beraten. Denn von irgendetwas durfte ich meinen Lebensunterhalt und mein Geschäft finanzieren. Mein Partner und ich lebten aus arbeitstechnischen Gründen immer noch in zwei verschiedenen Kantonen in zwei verschiedenen Haushalten und hatten getrennte Kassen.

Doch jedes Mal, wenn ich dieses Thema bei der Schutzengel-Behandlung oder beim Channeln zur Sprache brachte, hiess es, ich solle vertrauen, keine neuen Kassenpatientinnen und -patienten mehr nehmen und mich schrittchenweise führen lassen. Es brauchte wirklich sehr viel Mut und Vertrauen, diesen Weg zu beschreiten.

Da kam mir eine Idee: Ich erinnerte mich, dass ich Anfang des Jahres zweimal die Botschaft erhalten hatte, ich solle mich für eine neue berufliche Aufgabe öffnen. Mein Partner und ich hatten mit dem Muskeltest bekanntlich nicht herausfinden können, worum es sich handelte. Nun fragte ich mit dem Muskeltest nach, ob es zu meiner neuen beruflichen Aufgabe gehörte, den Menschen die Engel näher zu bringen und mit Energieübertragung zu arbeiten. Beide Fragen wurden bestätigt. Das war es also gewesen. Zum Glück nicht Buchhaltung oder Informatik!

Als nächstes erhielt ich die Führung, endlich mein Buch fertig zu schreiben, das ich vor etlichen Jahren begonnen hatte. Mit dem Buch wollte ich meinen Klientinnen und Klienten zwischen den Sitzungen eine Möglichkeit bieten, sich anhand der dargestellten Fallbeispiele eine Motivationsspritze und Ermutigung zu holen und nochmals nachzulesen, was ich ihnen so „Verrücktes" in den Sitzungen erzählte.

Ich hatte das Buch nie fertig schreiben können, da ich stets so ausgebucht war und meine Klientinnen und Klienten nicht für längere Zeit unbetreut lassen wollte. Da schickte mir das Universum eine neue Berufskollegin ins Leben, die eine ähnliche Grundhaltung hatte wie ich. Auch sie glaubte an das Universum und die Kraft der Gedanken und Visualisierungen. Nun hatte ich endlich jemanden, der während meiner Abwesenheit meine Klientinnen und Klienten betreuen konnte.

Für den Dezember plante ich also eine Auszeit von vier Wochen. Die erste Woche wollte ich in ein Retreat gehen. Danach wollte ich mein Buch fertig schreiben. Einen Tag vor meiner Abreise ins Retreat, in dem ich mir wünschte, meinem Höheren Selbst noch näher zu kommen und vielleicht sogar mit ihm zu verschmelzen, kam die grosse Prüfung: Das Universum wollte wissen, ob ich wirklich zu mir und meiner Lebensaufgabe stand oder ob ich mich wieder in mein altes Muster des Mitleidens, des Rettenwollens und der mangelnden Abgrenzung ziehen lassen würde. Ausserdem wollte es prüfen, wie wichtig mir die Verschmelzung mit dem Höheren Selbst war. Das ist zumindest im Nachhinein meine Erkenntnis.

Einen Tag vor meiner Abreise also kam ein Anruf meiner Eltern, die mir mitteilten, es ginge ihnen so miserabel wie nie. Es ging ihnen schon seit vielen Jahren vor allem gesundheitlich sehr schlecht, ja, meine Mutter kannte ich gar nicht anders als leidend. Aber nun hatte sich die Situation mal wieder so dramatisch zugespitzt, dass ich helfen und retten wollte. Das würde bedeuten, auf mein Retreat, das heisst auf mein weiteres spirituelles Wachstum, und auf mein Buch, also auf mein berufliches Fortkommen, vorerst zu verzichten. Stattdessen würde ich die vier Wochen, die ich meine Klientinnen und Klienten gut versorgt wusste, nutzen, um zu meinen Eltern zu fahren und mich um sie zu kümmern. Für mich war das selbstverständlich. Es sah sogar so schlimm aus, dass ich in Erwägung zog, meine Zelte in Davos ganz abzubrechen und zu meinen Eltern zu ziehen, um sie bis an ihr Lebensende zu pflegen und zu versorgen.

Aber zu meiner grössten Überraschung sagte mir die Geistige Welt, ich solle es nicht tun, ich solle ins Retreat gehen und mein Buch fertig schreiben, meine Aufgabe wäre in Davos. Ich brauchte etliche Readings, Schutzengel-Behandlungen, Channelings und den Muskeltest, um zu überprüfen, ob ich die Botschaft richtig verstanden hatte. Aber die Antwort war immer: „Geh nicht, deine Aufgabe ist hier in Davos."

Schweren Herzens und mit schlechtem Gewissen fuhr ich ins Retreat. Dort machte ich aber solch eindrückliche Erfahrungen, dass ich am letzten Tag froh war, auf die Geistige Welt gehört zu haben. Im Retreat versprach ich meinem Höheren Selbst, nur noch mit ihm zu gehen, mich von ihm führen zu lassen, egal was passieren würde, was an Schmerz und Verlust auf mich warten würde, durch welche Krankheiten ich noch durchgehen müsste. Ich meinte es aus tiefstem Herzen ehrlich und war bereit, auch wieder unerträgliche Schmerzen auf mich zu nehmen. Ich war mittlerweile davon überzeugt, dass mein Seelenwachstum noch wichtiger war als körperliche Unversehrtheit und körperliches Wohlbefinden. Acht Jahre hatte körperliche (und psychische) Gesundheit für mich an erster Stelle gestanden, nachdem diese die ersten 40 Jahre meines Lebens unwichtig gewesen waren. Die ersten 40 Jahre waren Pflichterfüllung und „Nächstenliebe" inklusive „Selbstaufopferung bis zum Tod" das Wichtigste gewesen. Dann stand acht Jahre lang Gesundheit an erster Stelle. Nun war für mich das Wichtigste, meinem Seelenplan zu folgen, meine Lebensaufgabe zu erfüllen und spirituell zu wachsen.

Seitdem ich mich in 2003 entschieden hatte, meine alte, in unserer Gesellschaft vorherrschende Lebensphilosophie durch die neue zu ersetzen, hatte ich immer wieder die Erfahrung gemacht, dass mein Höheres Selbst, meine Seele, das Universum oder wie man diese andere Dimension auch immer nennen wollte, am besten wusste, was gut für mich war. Kraftvoll, mutig und gewappnet für alles, was ich noch durch Schmerz und Leid lernen und heilen durfte, kehrte ich aus dem Retreat zurück. Doch es sollte alles ganz anders kommen. Mein menschlicher Verstand war mal wieder sehr begrenzt.

Voll Freude schrieb ich mein Buch fertig und legte es erst einmal in die Schublade. Um die Veröffentlichung würde ich mich später kümmern. Jetzt galt meine ganze Aufmerksamkeit wieder meinen Klientinnen und Klienten. Die ersten Monate des folgenden Jahres 2012 geriet ich von einer Ekstase in die nächste. So viel Spass machten mir die Zusammenarbeit mit den Engeln, die Readings, meine Experimente mit den Schutzengel-Behandlungen und der Energieübertragung. Mein Leben war so viel leichter geworden, seitdem ich täglich Führung und Inspiration, Unterstützung in allen Lebensbereichen, Behandlungen, Heilungen und Schutz und Versorgung durch die Engel erhielt. Ich fühlte mich auf eine neue Entwicklungsstufe gehoben.

Dann erhielt ich immer öfter die Botschaft, es wäre mir dienlich, mehr Auszeiten zu nehmen, mehr zu ruhen, zu meditieren, nichts zu tun, in die Stille zu gehen und auf Inspiration zu warten. Die Geistige Welt wolle mir etwas mitteilen. Wenn ich Inspirationen und Ideen bekäme, solle ich sie sofort umsetzen. Gleichzeitig fing meine Agenda an, sich zu lichten. Zum ersten Mal seit sechs Jahren war ich nicht mehr stets ausgebucht und überbucht, hatte keine langen Wartelisten mehr. Ich begann, mir Sorgen zu machen, aber die Engel sagten immer wieder, ich solle mir keine Sorgen machen, es stünde etwas Neues an, ich solle vertrauen und mich führen lassen.

Dies verlangte sehr viel Mut und Vertrauen von mir. Ich tappte völlig im Dunkeln, was denn das Neue sein sollte. Aber die Führung kam Schritt für Schritt. Zuerst wurde ich angeleitet, eine Studie zum Engelkartenrea-ding durchzuführen und dafür im Supermarkt einen Aushang zu machen. Wie sich später herausstellte, war dies jedoch nur Mittel zum Zweck. Ich sollte gar keine Studie machen, sondern eine bestimmte Frau kennenler-nen. Diese Frau war ein wichtiger Erfüllungsgehilfe des Universums für mich. Sie kam nämlich für diese Studie zum Engelkartenreading und sagte dann, ohne dass ich jemals etwas von Seminaren oder ähnlichem gesagt hätte: „Ich möchte für Sie Seminare organisieren." Woher wusste sie, dass ich Seminare geben konnte oder wollte? Wie kam sie darauf, dass ein wild-fremder Mensch, der ich für sie war, Seminare gab? Woher wusste sie, dass ich zwar gern Seminare gab, aber keine veranstaltete, da ich absolut keine Lust auf die Organisation hatte? Ich war sehr erstaunt, sagte aber erstmal nichts. Ich musste erst darüber nachdenken und die Engel befra-gen.

Diese sagten mir, sie hätten mir diese Frau geschickt und ich solle En-gel-Seminare geben und den Menschen die Engel näher bringen. Ich solle jetzt gleich damit beginnen. Ich rief die Frau an, und es wurde eine wun-derschöne Zusammenarbeit und Freundschaft daraus. Wir begannen, das erste Engel-Seminar in Davos zu konzipieren und zu organisieren und wa-ren voller Begeisterung und Euphorie.

Als nächstes inspirierten mich die Engel, eine zweite Website mit dem Namen www.engelinstitut.ch für meine beiden neuen beruflichen Aufga-ben zu erstellen. Ausserdem solle ich mich mit meinem neuen, spirituellen Angebot zeigen und es nicht länger verstecken. Ich solle eine Rundmail an alle schicken, die ich kannte, inklusive an meine Klientinnen und Klienten, Freundinnen und Freunde und Familie, um sie über meine innere und äussere Veränderung zu informieren. Ein Inserat für das Engel-Seminar würde auch die Davoser, die nicht in meinem E-Mail-Verteiler waren, dar-über informieren, dass Frau Keil nun „spirituell unterwegs" war.

Dieses spirituelle Outing war für mich eine Feuerprobe. Es kostete sehr viel Mut und Kraft, dem Rat der Engel zu folgen. Mein Körper stand regel-recht in Flammen. Erinnerungen aus früheren Leben kamen hoch, als ich für meine spirituellen Überzeugungen verbrannt worden war. Ich wurde damals verbrannt, weil ich den Menschen half, ihre Ängste und Zweifel aus den Herzen zu nehmen und stattdessen Liebe einzupflanzen. Das war den Herrschern damals ein Dorn im Auge gewesen. Denn die Menschen, die keine Angst mehr hatten, waren nicht mehr manipulierbar. Ich wusste aus meiner intensiven Arbeit an mir selbst, dass es auch in diesem Leben darum ging, den Menschen zu helfen, ihre Ängste loszulassen und stattdessen Hoffnung, Mut, Liebe und Vertrauen in ihren Herzen zu kultivieren.

Da ich meinem Höheren Selbst im Retreat versprochen hatte, seiner Führung zu folgen, entschied ich mich für das spirituelle Outing und begann es vorzubereiten und mich innerlich für das zu wappnen, was kommen mochte.

Freitag, der 13. April 2012

Da geschah etwas, das eine Veränderung in meinem Leben bewirkte, die ich kaum mit Worten beschreiben kann. Es gab meinem Leben eine enorme Wende, hob es auf eine höhere Stufe.... Ich weiss nicht, wie ich es formulieren soll. Es begann eine neue Ära für mich. Am Freitag, den 13. April 2012. Dreizehn Tage nach meinem 49. Geburtstag. Wenn das nicht hiess, dass Freitag der Dreizehnte ein absoluter Glückstag ist!

Eigentlich begann alles ganz harmlos. Ich wollte Erzengel Gabriel channeln, was für mich schon zu einer wunderschönen, mich jedes Mal erhöhenden Routine geworden war. Ich begann, mein kleines Ritual, die Reise ins Heilige Höhere Herz, wie ich es nannte. Doch kurz bevor ich Gabriel rufen wollte, passierte etwas Gewaltiges, das ich wieder einmal kaum mit Worten beschreiben kann. Ich werde es aber versuchen, damit Sie, liebe Leserin, lieber Leser, vielleicht ein bisschen eine Vorstellung von dem bekommen, was mir passiert ist.

Ich sah plötzlich eine Gruppe grosser Birken vor meinem inneren Auge, deren Blätter von einem plötzlich aufkommenden sehr starken Wind laut rauschten. Es war ein Getöse in der Luft wie bei einem Sturm. Gleichzeitig wurde mein Körper von eigenartigen Wellen durchströmt, als ob Elektrizität durch mich hindurch pulsieren würde. Mein Körper war erfüllt von einer Art Kribbeln, das wie in schubweisen Schauern durch meinen Körper lief. Komischerweise war das sehr angenehm und ich hatte überhaupt keine Angst.

Da erkannte ich in den Birken eine riesige, weiss-durchsichtige, leuchtende Gestalt, deren Kopf bzw. Gesicht ich nicht sehen konnte. Der Kopf musste über die Birken hinausragen, war aber zu hell und weit weg, als dass ich irgendetwas hätte erkennen können. Mir liefen starke Schauer durch den Körper. Ich fragte die Gestalt: „Wer bist du?" Die Gestalt antwortete: „Jesus." Bei diesem Wort überkam mich grosse Freude, und intensive Schauer durchliefen mich. Es war das Natürlichste von der Welt, dass ich hier mit Jesus war und mit ihm sprach. Als ob ich nie etwas anderes getan hätte. Es war, wie nach Hause zu kommen. Eine Selbstverständlichkeit und unermessliche Geborgenheit. In diesem Moment gab es keine Sorgen, keine Ängste, keine Probleme. Alles war vollkommen in Ordnung und natürlich.

Das war umso erstaunlicher, da ich mich nie für Jesus interessiert hatte. Ich hatte mich eher über ihn lustig gemacht. Nun aber gab es für mich nichts Schöneres, als in seiner Gegenwart zu sein, seine enorme Energie zu spüren, mit ihm zu sprechen und seine Worte zu hören. Ich wurde vom Saulus zum Paulus.

Die Sinneserfahrungen und Körperwahrnehmungen waren so massiv und eindrücklich, dass sogar mein ewig skeptischer Wissenschaftlerverstand für einmal schwieg und nicht schrie: „Alles nur Einbildung!" Nein, das war keine Einbildung. Es hatte nie etwas Realeres und Wahreres gegeben als meine Begegnung mit Jesus.

Ich überschüttete Jesus gleich mit vielen Fragen, und er beantwortete sie geduldig und ausführlich. Er sagte mir, Gabriel sei für mich der Einstieg gewesen. Nun dürfe ich mit ihm zusammenarbeiten, ihn channeln und mit seiner Heilenergie arbeiten. Jedes Werkzeug, jeder Kanal sei ihm willkommen, um den Menschen helfen zu können. Ich hätte mich bereit erklärt, der Menschheit zu dienen. Deshalb wolle er mein Angebot gerne annehmen. Jeder, der es wirklich möchte, könne diese Arbeit tun, und ich sei weit genug in meiner Entwicklung.

Seine Worte lösten enorme Wellen der Freude und immer wieder diese elektrischen Schauer in mir aus. Es freute mich riesig, nun mit Jesus zusammenarbeiten zu dürfen. Hier war meine Bestimmung. Als ob sie immer in mir geschlummert hätte, ich es immer unbewusst gewusst hätte.

Jesus fragte mich, ob ich mich daran erinnern würde, wie sehr ich in meiner Kindheit den Wind geliebt hätte. Wie ich mich damals immer wieder gewundert hätte, dass ich mich inmitten der heftig rauschenden und sich biegenden Bäume so unendlich geborgen gefühlt hätte, statt Angst zu haben, was damals meine übliche Reaktion gewesen wäre. Das wäre damals schon er gewesen, als er versucht hätte, mich auf sich aufmerksam zu machen.

Ich konnte mich sehr gut erinnern und war tief berührt. Er war immer schon da gewesen und ich hatte ihn ignoriert und mich über ihn lustig gemacht. Das machte mich eigentlich traurig. Doch konnte ich aus irgendeinem komischen Grunde gar keine richtige Trauer, Schuldgefühle oder schlechtes Gewissen spüren. Es tat mir leid, aber ich spürte es nicht. Ich war verwirrt. So sagte ich ihm einfach nur, dass es mir leid tat, und meinte es auch ehrlich, auch wenn ich es nicht spüren konnte. Ich **wusste** und **spürte** vielmehr, dass es nichts zu entschuldigen und zu vergeben gab. In dieser Dimension, in der ich gerade mit ihm war, gab es so etwas offenbar nicht.

Ich stellte noch viele Fragen, auch über unsere künftige Zusammenarbeit, und wir redeten noch lange, bis meine Konzentrationsfähigkeit nachliess. Eigentlich wollte ich mich gar nie wieder von ihm und seiner wunderbaren Energie lösen. Aber ich war müde und spürte, dass ich nichts mehr aufnehmen konnte. So verabschiedete ich mich, wissend, dass es ja ein nächstes Mal gab.

Ich war von diesem Erlebnis zutiefst berührt und hatte das Gefühl, dass nun eine neue Ära für mich begonnen hatte. Natürlich konnte ich niemandem davon erzählen, selbst meinem Partner und meiner besten Freundin nicht. Sie hätten mich spätestens jetzt für völlig verrückt erklärt. Aber mir wurde klar, dass ich es wenigstens meinem Partner erzählen musste. Denn wir machten damals in unregelmässigen Abständen einige Energieübertragungen für irgendein Symptom, das er hatte. Ich weiss nicht mehr, was es war. Beim nächsten Mal musste ich also entweder lügen und so tun, als ob ich mich weiterhin mit Gabriel verband, oder ich musste ihm sagen, dass ich nun mit Jesus arbeitete. Das aber würde er nie mitmachen. Denn über Jesus hatte nicht nur ich mich manches Mal lustig gemacht, sondern auch er. Ausserdem war er allem, was mit Kirche und Religion zu tun hatte, noch ablehnender gegenüber als ich. Wenn ich ihm überhaupt nur von Jesus erzählen würde und davon, dass ich nun mit Jesus gehen und mit ihm zusammenarbeiten wollte, würde er mich verlassen.

Zwei Wochen kämpfte ich mit mir. Sollte ich mich für meinen geliebten Partner oder für Jesus entscheiden? Meinen Partner zu verlieren, war für mich schon immer die schlimmste Vorstellung gewesen. Wir hatten so viele schöne Jahre miteinander verbracht. Unsere Beziehung war immer schöner und unsere Liebe immer tiefer geworden. Wie konnte ich diese opfern??! Ich kam mir vor wie Abraham, der gefordert war, Gott sein geliebtes Kind zu opfern, das er endlich nach so langem Bitten erhalten hatte. Auch ich hatte nach so vielen schmerzvollen Beziehungen und intensivem Bitten endlich eine glückliche Partnerschaft, in der ich die wahre Liebe leben durfte. So wie sich Abraham zwischen Gott und seinem irdischen Kind entscheiden musste, so musste ich mich zwischen Jesus und meinem irdischen Freund entscheiden.

Nach zwei Wochen grösster innerer Kämpfe und Ängste, entschied ich mich für Jesus. Ich hatte mein Seelenwachstum über alles gestellt und meinem Höheren Selbst versprochen, nur noch seinem Plan zu folgen. Ich sagte also zu meinem Freund: „Ich möchte dir etwas Wichtiges erzählen. Wahrscheinlich wirst du mich danach verlassen, aber ich möchte ehrlich sein und dich nicht belügen und dir etwas vorleben, was ich gar nicht mehr bin. Ich habe mich innerlich stark verändert und finde, dass du das wissen solltest."

Was in meinem Freund vorging, als wir uns an den Tisch setzten, weiss ich nicht. Ich erzählte ihm von meiner Begegnung mit Jesus und dass ich nun mit ihm zusammenarbeiten dürfe. Deshalb müsse ich ihm, meinem Partner, nun auch sagen, mit wessen Heilkraft ich ab jetzt arbeiten würde.

Mein Freund hörte mir schweigend zu. Als ich meine Rede beendet hatte, sagte er: „Wie kommst du auf die Idee, ich könnte dich verlassen? Jetzt will ich doch erst recht wissen, wie es weiter geht!" Ich traute meinen Ohren nicht. Er nahm die Geschichte mit unserem belächelten Jesus einfach so an und wollte bei mir bleiben? War sogar gespannt, was in Zukunft noch Tolles passieren würde nach all dem Spannenden, was wir schon erleben durften? Ich konnte es kaum glauben. Ich träumte! Ich war bereit gewesen, ihn zu opfern und bekam ihn geschenkt? Ich war überwältigt und brach in Tränen des Glücks, der Dankbarkeit und der Freude aus. Ich kam mir wirklich wie Abraham vor. Auch ihm war sein Kind ein zweites Mal geschenkt worden, als er bereit war, seine Anbindung an das Kind Gott unterzuordnen.

Leben im Fluss

Dieses Ja zu Jesus von uns beiden brachte unser Leben noch mehr zum Fliessen. In der Rückschau sehe ich, wie es unser Leben beschleunigte und in immer kürzeren Abständen Wunder über Wunder in unser Leben brachte. Ich möchte nicht behaupten, dass das Leben nur noch leicht und gemütlich war. Im Gegenteil. 2012 wurde zu einem sehr intensiven Jahr der grossen Herausforderungen, Lern- und Heilchancen und besonders für mich ein Jahr grosser Läuterungen. Die Herausforderungen kamen in so kurzen Abständen, dass ich kaum noch Zeit zum Verschnaufen hatte. Normalerweise kamen die Lern- und Heilchancen in netten kleinen Päckchen mit grossen zeitlichen Abständen. Aber in 2012, nach meiner Begegnung mit Jesus, war alles anders.

Nach meinem Gespräch mit meinem Freund, bereitete ich mein spirituelles Outing und das Engelseminar vor. Ende Mai kam dann der Moment, das Rundmail zu verschicken. Ich litt Qualen, denn ich dachte, dies sei mein Aus in Davos als Psychologin, Ärztinnen und Ärzte sowie Klientinnen und Klienten würden sich von mir zurückziehen, etliche Freunde ebenfalls. Aber ich hatte schon oft in meinem Leben erfahren, dass ich durch die Angst, durch das Feuer durch musste. Dahinter, so war mir 2004 in einem Traum mitgeteilt worden, liegt die Freiheit.

Ich schickte das Rundmail ab und bangte, was da kommen mochte. Doch es kam alles ganz anders als erwartet. Das Feedback war überwältigend. Menschen schrieben mir, von denen ich niemals gedacht hätte, dass sie spirituell interessiert seien oder sich gar für Engel interessierten. Ich wurde mit Glückwünschen, Dankesworten, Bewunderung und guten Wünschen für die Zukunft überschüttet.

Etliche Menschen schrieben, wie froh sie seien, endlich jemanden zu kennen, dem sie sich anvertrauen könnten, mit dem sie über „diese Dinge" reden konnten. Offenbar hatten sich viele nicht getraut (wie ich auch), Freunden und Familie von ihren spirituellen Interessen und Erfahrungen zu berichten. Es begann eine wundervolle Zeit des Austausches mit Gleichgesinnten, die mich treffen und mit mir über ihre spirituellen Erfahrungen, Gedanken, Fragen, Befürchtungen und Ängste reden wollten.

Nach meinem Outing kamen die Anmeldungen für das Engelseminar, das ein voller Erfolg wurde. Unsere kühnsten Träume wurden noch übertroffen. Wir waren schon während der Vorbereitungen so voller Begeisterung und Euphorie, dass es durch das Seminar eigentlich kaum noch zu steigern war. Aber nach dem Seminar musste man uns fast festbinden, damit wir nicht davon flogen. Das zumindest sagte mein Partner schmunzelnd. Er unterstützte mich und uns, wo er nur konnte, und hatte angefangen, meine neue Website technisch umzusetzen, mit der ich mich im Cyberspace spirituell outete.

Die grosse Herausforderung

Ein oder zwei Tage nach dem Engelseminar las mein Freund die Davoser Zeitung und sagte: „Da ist eine Arztpraxis zu vermieten." Ich antwortete: „Ja und, warum sagst du mir das?" Ich war ja weder Ärztin, noch suchte ich neue Räume. Ich war vollkommen zufrieden mit meinen Räumlichkeiten, seitdem ich das Malatelier hatte. Er blickte konzentriert nach oben an die Decke und sagte nach ein paar Momenten: „Tja, das weiss ich auch nicht."

Bei mir fing es an zu rattern. Ich glaubte ja nicht mehr an Zufälle, sondern an Führung. Ich fragte mich, warum das Universum meinen Freund veranlasste, mir von der Arztpraxis zu berichten. Ich selbst las die Davoser Zeitung nicht mehr und überliess das ihm. Wollte mich das Universum etwa zu dieser Praxis führen und benutzte meinen Freund als Erfüllungsgehilfen? In zehn bis zwölf Jahren würde ich ja, wie bereits erwähnt, schon gerne mit ein paar netten Kolleginnen und Kollegen zusammen ein kleines Gesundheitszentrum haben. Dafür brauchte es mehr Räume. Sollte ich vielleicht jetzt schon mal die Gelegenheit nutzen, mir solche Räume anzuschauen und die Energie dort aufzunehmen? Ich wusste, dass es für die Erfüllung von Wünschen und Affirmationen sinnvoll ist, auch physisch dorthin zu gehen, wo schon das stattfindet, was man einmal erleben möchte. Denn dort nimmt man schon einmal die Energie auf, die sich dann später materialisieren kann.

Obwohl ich das dem Arzt gegenüber, der einen Nachmieter suchte, gar nicht nett fand, machte ich einen Besichtigungstermin. Es fiel mir sehr schwer, ihm sozusagen etwas vorzumachen, aber irgendetwas sagte mir, ich müsse dieses Opfer bringen und das schlechte Gewissen aushalten.

Als ich zum vereinbarten Zeitpunkt die Türe öffnete und in die Rezeption trat, standen mir alle Haare zu Berge: Da war genau die Rezeption, die ich mir im Jahr vorher von März bis November fast täglich auf dem Foto angeschaut hatte!!! Im nächsten Moment wurde der Schock noch grösser, denn mir wurde schlagartig klar, was das bedeutete: Dies war kein Zufall, dies war Führung. Ich sollte nicht in zehn bis zwölf Jahren, sondern JETZT diese und keine andere Praxis mieten. Ich hatte überhaupt kein Geld für so etwas Verrücktes, es kam viel zu früh, ich hatte auch noch gar keine Kolleginnen und Kollegen, ich war doch frecherweise nur hergekommen, um die Energie aufzunehmen!

Und genau die beruhigte mich dann wieder. Denn, als ich eintrat, überschwemmte mich solch eine unangenehme Energiewelle, dass ich sofort dachte: „Nein, das ist es nicht." Grosse Erleichterung überkam mich. Eigentlich hätte ich gleich gehen können, aber ich bin manchmal ein höflicher Mensch. Wobei Höflichkeit manchmal das Gegenteil von Ehrlichkeit ist, so dass man sich dann wieder fragen kann, ob es höflich ist, nicht ehrlich zu sein. Nun ja, ich liess mich von dem Arzt herumführen und mir alles erklären, nickte höflich, obwohl die Energie in den Räumen für mich fast unerträglich war und verabschiedete mich mit den Worten, ich würde drüber schlafen.

Zuhause kam ich auf die dumme Idee, ein Engelkartenreading zu machen mit der Frage: „Warum habt ihr mich auf diese Praxis aufmerksam gemacht? Soll ich die etwa mieten?" Die Antwort war: „Perfektes Timing. Jetzt ist der perfekte Zeitpunkt, deine Inspirationen in die Tat umzusetzen. Die Türen sind weit offen, während du sie in unserer Begleitung durchschreitest. Zögere nicht und schiebe nichts auf, da alle Ingredienzen reif sind für deinen Erfolg." Nun war ich wieder schockiert. Die Antwort konnte nicht deutlicher ausfallen. Mein skeptischer Verstand rotierte: „Das konnte nicht sein. Das durfte nicht sein. Das musste ich falsch verstanden haben!"

Also machte ich noch ein Reading mit der Bitte, mir zu beweisen, dass ich das Reading davor richtig verstanden hatte. Die Antwort war: „Freude ist das köstliche Gefühl, dass alles möglich ist." Nun war es mit meiner Ruhe völlig vorbei. Die meinten es tatsächlich ernst! Wenn ich nicht grosse Liebe und grossen Respekt für die Engel empfinden würde, würde ich sagen: „Die spinnen!" Ich konnte es nicht glauben. Der Muskeltest musste her.

Ich testete: „Es dient meinem besten und höchsten Wohle, die Praxis ab November 2012 zu mieten." Es kam ein eindeutiges Ja. Ich machte den

Gegentest: „Es dient meinem besten und höchsten Wohle, darauf zu verzichten." Eindeutig Nein. Ich machte wie verrückt alle möglichen Tests, überprüfte sie immer wieder, aber so deutlich war mein eigener Muskeltest wahrscheinlich noch nie gewesen. Es blieb dabei, ich sollte diese Praxis jetzt mieten, obwohl ich keine Ärztin war, mich aus der Delegierten Psychotherapie zurückziehen sollte, kaum noch über die Kasse abrechnete, nicht mehr ausgebucht war, keine Sicherheit, Rücklagen, Wertschriften oder ähnliches hatte.

Mir wurde so übel vor Angst, dass ich sofort einen Termin bei meinem Arzt und Coach machte: Er musste mit mir den Muskeltest machen. Ihm vertraute ich hundertprozentig. Er hatte mich schon mit etlichen absurden Muskeltest-Botschaften konfrontiert, die aber immer die Wahrheit gesprochen hatten, auch wenn es noch so unwahrscheinlich und gefährlich geklungen hatte, was mir über den Muskeltest vermittelt wurde.

„Sein" Muskeltest mit mir hatte sogar schon einmal eine Gruppe von vielen Menschen vor finanziellem Desaster bewahrt, obwohl die Botschaft genau das Gegenteil von dem war, was der „gesunde" Menschenverstand eines jeden gesagt hatte.

Ich konnte die Tage bis zu meinem Termin kaum abwarten. Dann machten wir den Muskeltest, viele Muskeltests mit Gegentests, aber es kam immer dasselbe heraus: Jetzt sollte ich diese Praxis mieten und nicht mehr warten.

Ich ging nach Hause und channelte. Ich sprach ein ernstes Wort mit Jesus: „Wollt ihr wirklich, dass ich so etwas Verrücktes, Unnötiges mache und diese Praxis miete??!!" Die Antwort war: „Ich möchte durch dich wirken. Du hast dich bereit erklärt, mein Werkzeug zu sein. Ich nehme dieses Angebot gerne an und möchte es reichhaltig nutzen....öffne dich und deine Begrenzungen, glaube an dich und glaube an mich, glaube an die Menschen, an die Veränderung der Zeit, des Bewusstseins. Alles ist gut. Wir helfen dir. Vertraue uns und dir. Lass' dich führen." Als ich ihn um einen Beweis bat, dass ich ihn richtig verstanden hatte und mir das nicht alles einbildete, sagte er: „Lass' dich führen. Du wirst sehen, wenn es funktioniert, dann soll es sein. Wenn du den Zuschlag bekommst. Wenn du dann den Mietvertrag unterschreibst, vertraust du auch genug."

Das war eine gute Idee, die mich etwas beruhigte. Es war ja sehr unwahrscheinlich, dass ich als kleine medizinische Hilfskraft (so wurden wir delegiert Arbeitenden genannt) den Zuschlag bekam. Bestimmt würden sowohl der Arzt als auch der Vermieter mich nicht ernst nehmen. Zum Glück.

Es sollte jedoch anders kommen. Offenbar hatten die Engel dem Arzt einiges eingeflüstert. Ich tat natürlich, wie mir geheissen. Denn ich hatte meinem Höheren Selbst im Retreat versprochen, nur noch das zu tun, was ES für sinnvoll hielt.

Ich bat also nochmals um einen Besichtigungstermin und fiel aus allen Wolken, als mir der Arzt sagte, er hätte zwar mehrere Interessenten, aber wenn ich die Praxis wolle, würde er sie mir geben und meinen Namen an den Vermieter weiterleiten. Ich war völlig überrascht, und meine Ängste kamen zurück. Später erfuhr ich, dass sich auch Ärzte beworben hatten. Warum dann ich? Tapfer sagte ich, ich sei interessiert, und der Arzt nahm meine Kontaktdaten auf, um sie dem Vermieter weiterzuleiten.

Aber ich hatte ja noch Hoffnung! Der Vermieter würde mich auf Herz und Nieren prüfen, feststellen, dass ich eine kleine Maus war und keine Sicherheiten hatte, und mich ablehnen. Dann wäre ich fein raus! Dann könnte ich zum Universum sagen: „Sieh'ste, ich hab's ja versucht, aber es hat nicht geklappt."

Doch auch dem Vermieter hatten die Engel offenbar etwas eingeflüstert. Ich bekam den Zuschlag. Mein Schock war gross. Nun musste ich Farbe bekennen. Ich haderte lange mit mir. Mir wurde klar, dass dies das erste Mal in meinem Leben war, dass ich ohne Leidensdruck zu etwas Grösserem, Besseren geführt werden sollte. Freiwillig würde ich mich nie vergrössern und verbessern.

Mein durch schwere Krankheit und viel Leid ausgelöster Weggang aus Deutschland und die Aufgabe meines geliebten Berufes an der Universität hatten mich in eine Welt geführt, die meine Lebensqualität enorm gesteigert hatte. Leiden hatte mich vom 1-Zimmer-Studio in die grössere Wohnung mit Beratungsraum geführt. Leiden (Mobbing) hatte mich mit eigenen Beratungsräumen im Josephshaus gesegnet. Leiden (Klammeraffe) hatte mich zu meinem Malatelier geführt. Alle Verbesserungen, alles Wachstum war durch Leidensdruck entstanden. Wenn ich grossen Leidensdruck hatte, war ich bereit, etwas zu ändern. Aber ohne Leidensdruck, freiwillig???

Ich channelte wieder, und Jesus sagte, es ginge um meine Weiterentwicklung, mein Seelenwachstum, darum, dass ich erkannte, dass ich tatsächlich die allmächtige Schöpferkraft in meinem Leben bin und alles sein, haben und tun kann, was ich möchte. Dass ich mich nicht weiterhin so klein machen und so bescheiden sein solle. Es ginge um meine Lebensaufgabe, damit ich den Menschen dienen und dabei Freude haben könne. Ich solle das tun, was mir Freude macht, und damit den Menschen dienen. Es ginge um Vertrauen, Vertrauen, Vertrauen.

Mein Vertrauen wurde also geprüft. Würde ich im Gegensatz zu früher, als ich weder mir, noch meinen Mitmenschen, noch der Technik, geschweige denn Gott vertraut hatte, sondern statt dessen stets wie in meiner Familie üblich, den Teufel an die Wand gemalt hatte, dieses grundlegende Urvertrauen, dieses Gottvertrauen lernen? Ich war in den neun Jahren der AK-Strategie® schon sehr weit gekommen bezüglich „Vertrauen". Aber wenn ich diese Praxis mieten würde, wäre das ein Quantensprung für mich.

Liebe Leserin, lieber Leser, wenn Sie in ganz anderen Grössenordnungen und Dimensionen denken, leben und arbeiten, dann werden Sie sich wahrscheinlich wundern und über mich lachen (ich habe es gern, wenn ich Menschen zum Lachen bringen kann, also lachen Sie bitte) angesichts der Tatsache, dass eine kleine Praxis eine solche Herausforderung für mich sein kann. Aber für mich war dieser Schritt wirklich eine Grenzen sprengende und angsteinflössende Unternehmung.

Die Engel ermunterten mich und sagten, wenn ich den Mietvertrag unterschrieb, würde ich gewissen Menschen als Vorbild dienen und ihnen

Mut machen, selbst etwas zu wagen. Bisher hatten meine Klientinnen und Klienten an mir geschätzt, dass ich keine reine Theoretikerin war, sondern aus der Praxis kam. Das heisst, dass ich die meisten Herausforderungen, mit denen sie zu mir kamen, so oder ähnlich selbst schon erlebt, durchlitten und gelöst hatte. Nun war es meine Aufgabe, so die Engel, einen Schritt weiter zu gehen, einen Quantensprung zu wagen und ihn meinen Klientinnen und Klienten vorzuleben. Wenn ich das schaffen würde, würde ich vielen angehenden Beraterinnen und Beratern, Coachs, Therapeutinnen und Therapeuten und so weiter den nötigen Mut machen, um ihrem Lebensplan zu folgen und den Menschen ihrerseits zu dienen.

Ich nahm meine Lebensaufgabe an, löste mein Versprechen gegenüber meinem Höheren Selbst ein, wagte den Quantensprung und unterschrieb den Mietvertrag.

Die Engel-Tour

Daraufhin begann eine Zeit, in der sich wieder einmal Wunder über Wunder ereigneten. Das Leben fing in einer beinahe unglaublichen Art und Weise an zu fliessen. Mir flog alles nur so mit Leichtigkeit zu. Das hatte ich in meiner ersten Gründungsphase 2004, nachdem ich mich entschieden hatte, mich selbstständig zu machen, schon einmal erlebt. Es war ein fantastisches Gefühl und ein gutes Zeichen dafür, dass ich meinem wahren Weg folgte.

Nun wuchs die Vorfreude auf meine neuen Räume und meine neuen Aufgaben, auch wenn ich noch nicht wusste, welche es waren. Mein Vertrauen wuchs, dass mir alles zum richtigen Zeitpunkt offenbart würde. Ich liess mich täglich, fast stündlich führen, indem ich fragte, was ich als nächstes tun solle. Die Inspirationen kamen sofort und ich setzte sie sofort um. So zu leben, von Moment zu Moment, machte mir plötzlich grossen Spass.

Ich organisierte eine Engel-Seminar-Tour durch Deutschland, auf die mich mein Partner begleitete. Wir erlebten eine wunderschöne, spannende Zeit mit vielen lieben, netten und interessanten Menschen. Mein Partner nahm an den Seminaren teil und machte seine eigenen Engel-Erfahrungen. Für mich erstaunlicherweise kamen noch ein paar andere Männer, die eigentlich „Techniker" waren (überwiegend Informatiker!) dazu. Es war eine grosse Freude für mich, dass alle Teilnehmenden tatsächlich Kontakt zu ihren Engeln herstellen und sie wahrnehmen, meist sogar ihre Botschaften empfangen konnten. Gab es etwas Schöneres, als den Menschen die Engel näher zu bringen und damit ihr Leben zu bereichern, zu erleichtern und zu verbessern? Ich war gespannt, welche Entwicklung die Teilnehmenden anschliessend in ihrem weiteren Leben nehmen würden. Meine eigene Entwicklung nach meinem ersten Schutzengel-Kontakt war ja bahnbrechend gewesen. Und sie geht noch weiter.

Tatsächlich wurden mir in den Wochen und Monaten danach von etlichen Seminarteilnehmenden wundervolle Dinge berichtet. Es geschahen teilweise wahre Wunder und grosse positive Veränderungen. In allen Feedbacks hörte ich, dass sie sich sehr bereichert fühlten und ihr Leben leichter wurde. Welch eine riesige Freude für mich! Der grösste Wunsch meiner Seele ist es nämlich, mit Begeisterung meinen Mitmenschen zu dienen, mit meinen Talenten, Fähigkeiten und Leidenschaften und damit in einen ständigen Fluss ekstatischer Freude zu gelangen.

Ich selbst wollte noch eine Weiterbildung besuchen. Ich war nämlich begeistert von Doreen Virtue's Buch „Engel-Therapie". Sie selber, so hiess es auf ihrer Website, würde zwar nicht mehr nach Europa kommen. Aber ihr Sohn Charles würde mit Tina Daly zusammen das Seminar in Hamburg geben. Also fuhr ich nach Hamburg, besuchte das Seminar und bot danach im Wrage-Seminar-Center mein eigenes Engel-Seminar an. Allerdings hatte ich keine einzige Anmeldung. Wofür sollte das jetzt wieder gut sein? Es sollte sich bald herausstellen.

Ich nutzte die Zeit des ausgefallenen Seminars, um in Hamburg die Dinge für meine neue Praxis zu kaufen, die ich in Davos und in der Schweiz bisher noch nicht gefunden hatte.

Unter anderem hatte ich wochenlang vergeblich eine bestimmte Teekanne aus Jenaer Glas gesucht, bis mir der Verkaufsshop von „Jenaer Glas" mitteilte, dass es diese Kanne gar nicht mehr gab. Ich durchforstete also stundenlang jedes Geschäft in Hamburg nach einer ähnlichen Kanne, die optisch gut aussah und nicht tropfte. Wer schon einmal eine nicht tropfende Teekanne gesucht hat, weiss, wovon ich spreche. Ich liess mir die Teekannen vorführen, doch sie tropften alle, was die Verkäuferinnen und Verkäufer jeweils zerknirscht zugaben.

Müde vom Stadtlaufen trank ich in einem Einkaufscenter in einem schönen Café eine feine Tasse Kaffee und sah zufällig, dass hinter dem Einkaufscenter ein kleiner Hafen war. Ich hatte noch etwas Zeit, bis mein Zug fuhr. Also wollte ich dort noch eine kleine Runde drehen. Am Hafen kam ich an einem „Teehaus Gschwendner" vorbei, eine Teeladenkette, die ich sehr liebte für ihre feinen Tees. Zuerst wollte ich dort nochmals nach meiner „Jenaer Glas" Teekanne schauen. Aber dann sagte ich mir, ich sei ja schon im „Teehaus Gschwendner" in Darmstadt gewesen, als ich dort mein Engelseminar gab.

Ich ging an dem Geschäft vorbei, doch nach einigen Metern zog es mich so stark zurück und in den Laden, dass ich nicht widerstehen konnte. Und was sah ich dort im Regal? Meine „Jenaer Glas" Teekanne! Ich traute meinen Augen kaum, freute mich riesig, dankte den Engeln, dass sie mir für meine wunderschöne Praxis doch noch diese wunderschöne Kanne, die etwas ganz Besonderes ist, schenkten. Ich liess sie mir sorgfältig einpacken und wusste, warum mein Engelseminar in Hamburg ausgefallen war. Zumindest tröstete mich die Teekanne über das ausgefallene Seminar hinweg.

Zurück aus Hamburg war der mittlerweile heiss herbei gesehnte Moment der Praxisübergabe nicht mehr fern. Am Morgen nach meiner Rückkehr, konnte ich allerdings kaum aufstehen, da ich starke Schmerzen im Fuss hatte. Ich versuchte zuerst etwas herum zu humpeln, in der Hoffnung, dass der Schmerz von allein vergehen würde. Aber der Schmerz blieb. Mir war klar, dass er eine Botschaft enthielt und wendete die AK-Strategie° an. Die Botschaft war, dass ich Angst vor der Zukunft und vor meinem Quantensprung hatte, dass ich aber voller Vertrauen das Projekt „neue Praxis" angehen solle. Aha, ich hatte also trotz aller Vorfreude doch noch Ängste, die ich allerdings verdrängt hatte. So stellte sich mein Fuss in den Dienst meiner Seele und wies mich auf meine Ängste hin. Sobald ich die Botschaft erkannt und meine Ängste konfrontiert und bearbeitet hatte, verschwanden die Schmerzen und ich konnte wieder normal laufen. So einfach war das!

Zum Glück gezwungen

Ich freute mich sehr, dass ich in meinen neuen Räumen neben Einzelberatungen und Behandlungen auch Seminare, Vorträge, Diskussionsrunden und ähnliches anbieten konnte. Also brauchte ich viel Platz und wollte die Praxis möglichst spärlich und mit mobilen Möbeln einrichten. Deshalb sagte ich dem Vormieter, der mir alles Mögliche zur Übernahme anbot, ich wolle seine Möbel nicht übernehmen und er solle auch die Rezeption abbauen. Das war zwar sehr schade. Denn sie entsprach genau meinen Vorstellungen und dem Foto aus dem Internet, mit dem ich meine Feng Shui Praxis visualisiert hatte, die ich in zehn bis zwölf Jahren haben wollte. Aber diese Rezeption kam einfach zu früh. Jetzt brauchte ich Platz.

Der Tag der Übergabe kam, ich öffnete die Türe und war wieder einmal schockiert: Da stand die Rezeption entgegen zweimaliger Abmachung immer noch in ihrer ganzen Pracht vor mir. Der Vormieter selbst war zum Übergabetermin gar nicht erschienen. Er hatte einen Vertreter geschickt. Anstatt mich über meine neue Praxis zu freuen, sah ich nur den Zeitaufwand und die Kosten, die auf mich zukamen, wenn ich jetzt selbst die Rezeption mit allen angebauten Möbeln abbauen lassen musste.

Die drei anwesenden Männer, das heisst mein Partner, der Vermieter und der Vertreter des Vormieters waren sehr lieb und hilfsbereit und überlegten und diskutierten über eine Stunde, wie wir den „Schaden" möglichst gering halten konnten, welche Teile wir vielleicht absägen könnten und so weiter. Aber eine wirklich befriedigende Lösung fanden wir nicht.

Zutiefst enttäuscht und verängstigt ging ich mit meinem Freund in das Restaurant, in dem wir eigentlich feiern wollten. Mir war aber alles andere als zum Feiern zumute. Das bisschen Gesparte, das ich hatte, brauchte ich für die Einrichtung und die ersten Monatsmieten. Das wollte ich nicht für Abbrucharbeiten ausgeben. Der Prosecco blieb mir im Halse stecken.

Zuhause machte ich zu allererst ein Engelkartenreading. Jetzt wollte ich wissen, warum die Engel nicht dafür gesorgt hatten, dass der Vormieter sich an die Absprache hielt. Sie hatten ihm offensichtlich doch sonst schon so viel eingeflüstert. Die Antwort war: „Was wünschst du dir wirklich? Du hast doch diese Rezeption bei uns bestellt. Wir haben sie dir gegeben. Du hast sie zweimal abgelehnt. Da mussten wir sie dir quasi vor die Füsse schmeissen, wenn du sie schon nicht freiwillig nimmst."

Da fiel es mir wie Schuppen von den Augen: Eigentlich hatte ich mir diese Rezeption so sehr gewünscht. Doch mein ängstlicher Verstand hatte mir eingeredet, ich müsse erst Platz schaffen, damit möglichst viele Leute zu meinen Veranstaltungen kommen konnten, damit ich die Praxis finanzieren konnte. Der ängstliche Verstand argumentiert immer mit Zahlen. Eigentlich hätte ich es besser wissen können. Ich wusste doch, dass das Universum immer am besten weiss, was das Beste für uns ist. Und heute weiss ich, wie Recht es hatte.

Ich kann mir gar nicht mehr vorstellen, ohne diese Rezeption zu sein. Sie erweist mir wundervolle Dienste bei meinen kleinen, exklusiven Seminaren, in denen ich mich intensiv und individuell um jede Teilnehmerin und jeden Teilnehmer kümmern kann. Die Rezeption ist unser wunderschöner Pausenraum, in dem ich reichhaltige Snacks, Getränke und meine Leihbibliothek anbieten kann. Sie lädt zum gemütlichen Austausch und Entspannen ein. Für alle Besucher, egal ob sie zu einer Einzelberatung oder zu einer Veranstaltung kommen, ist sie der erste Hingucker und ein ganz besonderer Willkommensgruss. Vielen Dank, liebe Engel, dass ihr mich mal wieder zu meinem Glück geschubst habt.

Geschenke über Geschenke

Nun begann die Zeit des Einrichtens. Da ich in Davos die Einrichtungsgegenstände, die ich mir vorstellte, nicht bekam, durfte ich fast alles im Unterland kaufen. Da ich kein Auto habe, waren das für mich etliche Tagesausflüge zum Sichten und Aussuchen. Ich hatte mit meinem Freund ausgemacht, dass ich erst einmal meine Besichtigungstouren im Unterland machen würde, damit er nicht so viele Ferientage in meine Praxis investieren musste. Wenn ich alles ausgesucht hätte, würde ich mich mit ihm im Unterland treffen und wir würden die kleineren Dinge, die nicht mit einer Spedition geschickt würden, mit seinem Auto nach Davos transportieren. Das war zwar sehr zeitaufwändig für mich, aber es war ja auch meine Praxis.

Dann geschah Folgendes: Jedes Mal, wenn ich das aus dem reichhaltigen Angebot ausgesucht hatte, das mir am besten gefiel und noch innerhalb meines Budgets lag, und wir es abholen fuhren, war genau dieses Teil gerade heruntergesetzt. Das passierte nicht einmal, nicht zweimal, sondern zigmal. Ich bekam „zufällig" immer für genau die Dinge Sonderangebote, die ich wollte. Es wurde ein lustiges Spiel daraus. Das Leben floss mal wieder, meinte es gut mit mir... es geschahen mal wieder Wunder über Wunder. Dies alles, so wusste ich, waren Zeichen dafür, dass ich auf dem richtigen Weg war und mit der Praxisanmietung die richtige Entscheidung getroffen hatte.

Für die Energieübertragung hatte ich mir eine ganz besondere Liege geleistet, eine „Siesta Natur", die normalerweise für luxuriöse Wellnessanlagen gekauft wird. Denn die Möglichkeit, mit Jesus´ Heilkraft arbeiten zu dürfen, war für mich solch eine Freude, so etwas Besonderes, dass ich dafür keine „normale" Behandlungsliege wollte.

Als sich die Zeit des Einrichtens dem Ende näherte, merke ich jedoch, dass ich zumindest für die PSYCH-K® Balancen, die im Liegen durchgeführt werden, noch eine „normale", unbewegliche Liege brauchte. Mein ängstlicher Zahlenverstand sagte jedoch, das sei unvernünftig, ich solle mein Geld jetzt mal beisammen halten, ich hätte genug ausgegeben. Aber ich hatte gelernt, meinem Gefühl statt meinem Verstand zu folgen. So fuhr ich nochmals nach Zürich, fand „meine" Liege, und als ich bezahlen wollte, sagte die Verkäuferin: „Diese Liege ist heute im Sonderangebot." Ich brach in schallendes Gelächter aus und entschuldigte mich dann für meinen Lachanfall. Ich erklärte ihr, ich sei in den letzten Wochen dabei, meine neue Praxis einzurichten und würde so viele Sonderangebote und Rabatte erhalten, dass es kaum zu glauben sei. Auf der Herfahrt hätte ich wieder spasseshalber zu den Engeln gesagt, dass es schön wäre, wenn ich heute bei meinen kleineren und grösseren Besorgungen in Zürich vielleicht nochmals ein Sonderangebot bekäme. Nun würde sie mir sagen, dass die Liege reduziert sei." Da lachte die Verkäuferin herzhaft mit und sagte: „Wenn ich das nächste Mal einkaufen gehe, nehme ich Sie mit."

Um die wundervolle Situation komplett zu machen, bot mir die Verkäuferin an, die Liege sofort per Post nach Davos zu schicken. So kam es, dass ich die Liege wenige Tage später schon hatte, als ich sie plötzlich und völlig unerwartet brauchte. Mir wurde kurzfristig eine schwer kranke, gelähmte Frau gebracht, die weit weg wohnte und eigentlich gar nicht mehr reisen konnte. Aber sie wollte unbedingt zu mir und wurde somit von einer Eskorte gebracht. Die Reise war enorm anstrengend für sie gewesen, so dass ich ihr anbot, sich hinzulegen. In meiner „Siesta Natur" wäre das nicht möglich gewesen. Wir hätten sie weder hinein- noch hinausgebracht. Nun war ich so froh, für sie die „normale" Behandlungsliege zu haben. Ich dankte mir selber dafür, auf meine innere Stimme gehört zu haben, und den Engeln für ihre geniale Führung und Unterstützung. Ich fühlte mich vom Universum sehr geliebt, geführt, inspiriert, geschützt und versorgt bei allem, was ich brauchte, um voll Freude meine Lebensaufgabe zu erfüllen.

Wenn sich Affirmationen nicht verwirklichen

Nur mit dem Firmenschild wollte es nicht so recht klappen. Ich bat den Dienstleister, der mir vor Jahren mein erstes, sehr schönes Firmenschild produziert hatte, mir ein entsprechendes für meine neue Praxis anzufertigen. Zur Eröffnungsfeier wollte ich das Schild gerne haben, aber die Sache zog sich wochenlang hin. Entweder war er nicht erreichbar oder er rief nicht zurück, hielt Termine nicht ein, hielt sich weder an die abgesprochene Farbgebung noch den gewünschten Hintergrund. Ich affirmierte natürlich, dass er der beste und kompetenteste Schildermacher sei und alles wie am Schnürchen laufen würde. Aber die Affirmationen verwirklichten sich nicht.

Offenbar ging es dem Mann nicht besonders gut. Ich hatte den Eindruck, er hatte zu viele Aufträge angenommen und stand total unter Stress. Auf jeden Fall klappte es nicht mit dem schönen Schild für den Tag der offenen Tür. Ich musste selber eines notdürftig aus Papier herstellen. Was sollte da wieder Gutes dran sein? Mich hatte das Ganze ziemlich viel Nerven gekostet.

Denn das Einrichten der Praxis hatte mich so sehr gefordert, dass ich aus meiner gesunden Work-Life-Balance und damit aus meiner üblichen Gelassenheit geraten war. Ich hatte wochenlang von früh bis Mitternacht geschuftet, da ich am liebsten alles selber machen wollte, um so viel Geld wie möglich zu sparen. Allein das Nähen der Gardinen für zehn Fenster war eine Tortur für mich Ungelernte. Ich litt solche Rückenschmerzen dabei, dass ich ständig an die Näherinnen in Asien dachte und sie zutiefst bewunderte für ihr Durchhaltevermögen.

Ich wusste natürlich, dass mein Lebensstil der letzten Wochen nicht dem entsprach, was ich jahrelang propagiert und gelebt hatte. Gesunde Ernährung, Erholungspausen, genug Schlaf und Bewegung an der frischen Luft, Meditation und Stille waren vorerst gestrichen. Am Wochenende engagierte sich auch mein Freund von früh bis spät für mich und meine Praxis. Was ich ihm sehr hoch anrechne und wofür ich ihm sehr dankbar bin.

Umso mehr, da er zu der Zeit unter der Woche sowohl im Büro unter besonderer Beanspruchung stand als auch seinen Eltern beim Einrichten und Umzug in ihre neue Wohnung half. So lief auch er am Limit.

Ich wandte natürlich die AK-Strategie® angesichts der ganzen Aufregung mit dem Schildermacher an und fragte die Geistige Welt, was ich hier lernen durfte. Denn alles andere hatte ja so wunderbar geklappt. Nicht schwer zu erraten war, dass der Mann mir mit seiner Überforderung und dem Raubbau, den er mit seinem Körper deshalb betrieb, spiegelte, wie ich mich in letzter Zeit behandelte. Das war das eine. Zu meiner Überraschung sagte mir die Geistige Welt aber auch noch, ich solle meine Firmierung ändern und das „Institut für Körper, Geist und Seele" gründen. Nun war ich froh, dass sich meine Affirmationen nicht verwirklicht hatten und ich keine neuen Schilder mit dem alten Firmennamen in Händen hielt. Die hätte ich wegwerfen können. So zeigt sich früher oder später immer, was an einer unangenehmen Situation Gutes ist.

Vortrag mit Folgen

Noch während der Einrichtungsphase im November 2012 sollte ich beim „Gesundheitsnetz Davos" einen Vortrag über die AK-Strategie® zum Thema „Burnout" halten. Das hatte ich zwar schon lange zugesagt. Doch nun passte es mir gar nicht. Ich fand es zwar sehr nett, dass ich die Gelegenheit bekam, über meinen Ansatz zu sprechen. Aber jetzt hatte ich absolut keine Zeit, einen Vortrag vorzubereiten und zu halten. Ich ärgerte mich, zugesagt zu haben, und fragte die Engel, was sie von dieser Verpflichtung hielten.

Sie antworteten, mein Schutzengel, der mir half, meine Lebensaufgabe zu erfüllen, hätte mich zu dieser Gelegenheit geführt. Ich bräuchte den Vortrag nicht vorzubereiten, ich solle sie durch mich sprechen lassen. Erzengel Michael würde mich zudem schützen. Angesichts der letzten Botschaft bekam ich einen kleinen Schrecken. Sollte ich mit meinem provokanten Titel „Burnout als Chance" heftige Gegenwehr, Tomaten- und Eierwürfe auslösen? Aber ich beruhigte mich schnell wieder. Denn als ich Erzengel Michael, mit dem ich mich noch nie beschäftigt hatte, um Schutz bat, spürte ich ganz deutlich seine Gegenwart und fühlte mich vollkommen ruhig und geschützt. Von dem Tag an wurde Erzengel Michael zu einem sehr wichtigen Begleiter für mich. Er half mir sehr, bei meinem Quantensprung mutig und zuversichtlich zu bleiben. Ich weiss nicht, ob ich ohne ihn diese ersten Monate im Institut durchgehalten hätte. Das ist natürlich eine rhetorische Frage. Denn das Universum mutet uns nie mehr zu, als wir schaffen können. Ich will damit sagen, wie dankbar ich bin, dass ich ihn an meiner Seite weiss und ihn stets um den nötigen Mut bitten kann, den ich für meine Lebensaufgabe brauche. Und Mut brauchte ich in 2013 noch häufig, wie Sie, liebe Leserin, lieber Leser, noch erfahren werden.

Bevor ich Ihnen jedoch vom Vortrag erzähle, noch kurz eine Anekdote zum Thema Erzengel Michael. Zur Eröffnungsfeier schenkten mir mein Bruder und meine Nichte eine ganz besonders schöne Engelfigur, die sie in einer Töpferwerkstatt gefunden hatten. Sie meinten, für mich, die ich mich so sehr mit Heilung beschäftigte, würde sich eine Figur des Heilungs-engels Raphael, der üblicherweise in grünlichen Farben dargestellt wird, am besten eignen. Feierlich begannen sie, die Figur auszupacken und wa-ren schockiert, als sie sahen, dass die Figur nicht grün, sondern blau war. Ich war tief berührt angesichts dieser wunderschönen Figur. So etwas Schönes hatte ich noch nie gesehen. Und ich sagte, dass diese blaue Figur genau die richtige für mich sei. Ich hätte nämlich vor kurzem Erzengel Mi-chael kennenlernen dürfen, der üblicherweise blau dargestellt wird. Mit Raphael hätte ich schon einen guten Kontakt, aber jetzt sei Erzengel Mi-chael für mich und meinen Institutsaufbau sehr wichtig.

Ich dachte natürlich, sie hätten sich in der Töpferwerkstatt vertan oder die Lichtverhältnisse seien anders gewesen. Aber sie schwören bis heute Stein auf Bein, dass sie dort eine grüne Figur in die Kiste gepackt hätten. Seit gestern frage ich mich, ob sie vielleicht doch Recht hatten. Denn ges-tern las ich bei Robert Scheinfeld, dass solche mysteriösen Dinge auch ihm und seinen Kunden schon passiert sind, nachdem sie sich auf ihrem spiri-tuellen Weg weiter fortbewegt hatten.

Nun aber zurück zum Vortrag. Ich ging also zu dem Vortrag, bereitete ihn keine einzige Minute vor, öffnete mich für die Führung und liess die Engel durch mich sprechen. Der Vortrag machte mir grossen Spass, und darauf kommt es ja laut der AK-Strategie® an: Dass wir das machen, was uns Freude macht und damit automatisch anderen Menschen dienen. Ich hatte dem Vortrag den Titel „Burnout als Chance" gegeben, was damals für viele Menschen einen Affront bedeutete. Aber laut der AK-Strategie® ist jedes Problem, jede Herausforderung, und sei sie noch so schmerzhaft, eine Chance zum Lernen und Heilen. Obwohl ich also mal wieder provoka-tiv war mit meinen Thesen, waren die Zuhörer begeistert und diskutierten engagiert mit. Mehrmals fiel das Wort „faszinierend". Sie kamen hinterher zu mir und überschütteten mich mit Komplimenten. Ich war mal wieder überwältigt, welch offene Türen ich neuerdings einrannte.

Ein besonders engagierter Mann fragte, ob ich in meiner Methode auch ausbilden würde. Heute weiss ich, dass ihn das Universum als Erfüllungs-gehilfen geschickt hat, um mich zu führen und zu inspirieren. Denn er war

der Ausschlag dafür, dass ich dann tatsächlich beschloss, die AK-Strategie®
an andere weiterzugeben. Denn ich hatte gerade neue Räume bezogen,
die sich für die Art kleine, exklusive Seminare hervorragend eigneten, die
ich zu geben wünschte. So konnte ich ihm sagen, dass diese Ausbildung in
der AK-Strategie® für das kommende Jahr geplant sei. Ich bin heute sehr
froh, dass ich der Führung gefolgt bin und den Vortrag gehalten habe.
Denn seitdem halte ich jeden Vortrag aus dem Stegreif und habe in 2013
tatsächlich begonnen, in der AK-Strategie® auszubilden. Dies gehört ganz
offensichtlich zu meiner Lebensaufgabe, bereitet mir grosse Freude und
bringt viele wundervolle Dinge mit sich, so dass ich wieder von Ekstase zu
Ekstase schwebe.

Die Eröffnungsfeier Mitte Dezember 2012 wurde ein unvergessliches
Erlebnis für mich. Es war ein wunderschöner Tag mit vielen lieben und interessanten Menschen, tollen Überraschungsgeschenken wie einem wunderschönen Flötenkonzert gleich zu Beginn, das dafür sorgte, dass der
ganze Tag unter einem besonderen Stern stand. Sogar die Presse kam und
brachte einen Bericht über mein Institut mit einem Foto meiner ganz besonderen Behandlungsliege für die Energieübertragung. Nun wusste ganz
Davos, was ich in meinem Institut so trieb. Mein spirituelles Outing, so
dachte ich, sei nun komplett. In der Folge meldeten sich wieder viele Menschen, die froh waren, endlich mit jemandem über ihre spirituellen Fragen
und Erlebnisse sprechen zu können. Nun kamen auch mir bisher unbe-
kannte Menschen in die spirituelle Beratung und Behandlung.

Wenn man sein spirituelles Angebot geheim hält, aus Angst vor ableh-
nenden Reaktionen, kann natürlich kaum einer davon erfahren und es nutzen. Da beisst sich die Katze einfach in den Schwanz. Ich weiss mittlerweile, dass sich viele Berater in einem Zwiespalt befinden. Sie haben sich
im Laufe ihrer Entwicklung für die spirituelle Welt geöffnet und hätten
dann eigentlich gern ihre spirituellen Erfahrungen in ihre Arbeit einfliessen
lassen. Sie alle hatten oder haben aber wie ich auch Hemmungen, dies in
einen Beruf und ein Leben einfliessen zu lassen, das bisher „normal", „bür-
gerlich", rational und vernünftig zu sein schien. Ich freute mich sehr, diese
Menschen ermutigen und unterstützen zu können.

Das Buch

Ende Dezember erhielt ich die Führung, nun endlich mein Buch zu veröffentlichen. Ich spürte tief in mich hinein und entschied, dass ich es im Eigenverlag herausbringen wollte. Ich wollte vollkommen frei entscheiden können, wie und was ich schrieb. Ich wollte mir von keinem Verlag in meinen Schreibstil hineinreden lassen. Ich hatte so meine Eigenheiten und die waren mir wichtig. Ausserdem wollte ich das Cover selbst bestimmen. Der Verleger, der mich vor vielen Jahren überhaupt dazu gebracht hatte, die ersten 80 Seiten meines Buches zu schreiben, wollte mir damals ein für meinen Geschmack viel zu düsteres Cover aufdrücken. Ich wäre mit dem Buch sehr unglücklich gewesen.

Aus meiner Universitätszeit kannte ich die Möglichkeit, bei „Books on Demand" in Eigenregie ein Buch zu veröffentlichen. Das war die richtige Lösung für mich. Allerdings hiess das, dass ich das Buch selber für den Druck technisch aufbereiten musste. Was das bedeutete, wusste ich noch aus der Zeit, als ich meine Dissertation druckfertig beim Verlag abliefern musste. Dieses Mal hatte ich diese Zeit neben dem Aufbau meines Instituts nicht.

Die Geistige Welt wusste jedoch mal wieder Rat. Sie inspirierte mich, eine Bekannte zu fragen, ob sie das Buch lektorieren und technisch aufbereiten würde. Diese sagte begeistert zu. Die nächsten drei Monate arbeiteten wir intensiv an der Herstellung des Buches. Es wurde eine sehr schöne, bereichernde Zusammenarbeit. Auch einige technische Herausforderungen galt es zu meistern, aber das schweisste uns umso mehr zusammen. Zum Glück konnte uns ihr Mann sehr viel helfen, denn er hatte die Gabe, Ausdauer und Geduld, für jedes technische Problem eine Lösung zu finden. Ich bin beiden, Petra und Jürgen Eichler, sehr, sehr dankbar dafür. Es ist unser gemeinsames Buch. Die erste Veröffentlichung war dann mit viel Bangen und Hoffen verbunden. Denn der Erstdruck war ein Fehldruck. Es musste eine Neuauflage her, womit sich die Veröffentlichung verschob. Das wäre nicht weiter schlimm gewesen, wenn nicht schon bald das erste Ausbildungsseminar in der AK-Strategie® stattgefunden hätte.

Denn Voraussetzung für die Teilnahme war das Studium des Buches. Dieses ersetzte sozusagen ein Einführungsseminar.

Ich wandte natürlich die AK-Strategie® an und fragte die Geistige Welt, warum es mal wieder solche „Rohrverstopfungen" gab. Die Antwort war, dass ich noch Angst hatte, mich mit meinem „geistigen Baby", mit meinen „verrückten" und provokanten Ideen der ganzen Welt zu zeigen. Ich bearbeitete das Thema, und siehe da, da kam das Baby ganz schnell zur Welt und war genauso, wie wir es uns vorgestellt hatten. Herzlichen Glückwunsch!

Das Feedback, das ich seitdem für das Buch bekomme, übertrifft meine kühnsten Träume. Ich erhalte so viele Briefe von Leserinnen und Lesern, die sagen, wie sehr es ihnen in einer Krise geholfen hat oder hilft, wie es durch das Buch in ihrem Leben eine Kehrtwende gab, dass sie endlich verstanden haben, warum alles Positivdenken, Affirmieren, Visualisieren, alle Psychotherapien und anderen Bücher ihnen bisher nicht ausreichend geholfen haben. Sie leihen das Buch auch an Freunde, Familie und Bekannte aus, verschenken es oder empfehlen es weiter.

Genau das ist es, was ich möchte: Dass sich die AK-Strategie® verbreitet, damit immer mehr Menschen Mut schöpfen, sich die äusserst wirksamen Werkzeuge der AK-Strategie® zu eigen machen und damit spielerisch und leicht ihr Leben zum Besseren wenden und ihre kühnsten Träume noch übertreffen. Dabei spielt es für mich keine Rolle, ob das Buch ausgeliehen oder gekauft wird. Meine Aufgabe ist es, Hoffnung zu verbreiten und die Menschen dabei zu unterstützen, Angst und Zweifel aus ihren Herzen zu nehmen und stattdessen die Liebe darin zu kultivieren. Denn je mehr uns das gelingt, desto mehr gelingt es uns, bei jeglicher Aufregung in der Ruhe, Liebe, Freude und im Vertrauen zu bleiben. Desto mehr Harmonie und inneren Frieden erleben wir. Wenn wir dies eine Zeit lang praktiziert haben, entwickelt sich das Leben in einer Weise, die sich die meisten Menschen nicht einmal vorstellen können, bevor sie mit dem Entwicklungsprozess beginnen.

Auch ich konnte es mir nicht vorstellen und weiss heute nicht, was sich im weiteren Verlauf der Entwicklung noch alles Wundervolles zeigen wird.

Denn auch ich bin mitten im Prozess und noch nicht an seinem Ende angelangt. Bis jetzt kann ich nur sagen, dass es sich mehr als lohnt, diesen Entwicklungsprozess mit all seinen Höhen und Tiefen anzugehen und sich damit für die unbeschreibliche Fülle des Universums zu öffnen, für ein erfülltes Leben in Freiheit, Leichtigkeit, voller Energie, Tatkraft, Freude und Kreativität. Der grösste Wunsch eines jeden Menschen ist es, das zu tun, was ihm grosse Freude bereitet, wobei er seine Talente, Fähigkeiten, Neigungen und Leidenschaften einsetzen kann und somit automatisch und ganz nebenbei noch andere Menschen bereichert.

Mutproben beim World Economic Forum

Nachdem wir im Januar 2013 mit der Aufbereitung des Buches begonnen hatten, stand auch schon bald das „World Economic Forum" (WEF) in Davos an. Normalerweise zog ich mich dann zurück.

Zu meiner grossen Überraschung sagte mir aber die Geistige Welt dieses Mal, ich solle mich während des WEF bereithalten und zum „Open Forum" gehen. Das sind die Veranstaltungen am Rande des WEF, die einst, so hatte zumindest ich es verstanden, als alternative Veranstaltungen zum WEF ins Leben gerufen worden waren und zu denen auch Otto Normalbürger gehen darf. Denn ans WEF dürfen nur geladene Gäste. Ausserdem, so sagten die Engel, solle ich zum WEF ein „anständiges" Firmenschild an der Türe anbringen statt meines selbstgemachten Papierschildes.

Ich wunderte mich sehr. Dennoch folgte ich natürlich der Führung. Ich war zwar mit meinem Institut mitten im Zentrum von Davos statt wie mit meinem vorherigen Geschäft am Ortsrand, aber ich hatte mit dem WEF nichts zu tun. Merkwürdig, merkwürdig, was die Engel sich so manches Mal ausdenken. Da sagten sie mir, es sei kein Zufall, dass sie mich in genau diese ehemalige Arztpraxis an genau diesem Standort geführt hätten. Es sei auch kein Zufall, dass ich ausgerechnet in Davos leben und arbeiten würde, und das hätte etwas mit dem WEF zu tun.

Das kam mir alles sehr spanisch vor, und mein Verstand ratterte ununterbrochen und suchte nach Erklärungen. Von den Engeln bekam ich vorerst keine weiteren Informationen. Es hiess immer, ich sei für die Bewusstseinsveränderung der Massen zuständig. Wenn ich nachfragte, hiess es: „Lass' dich schrittweise führen und vertraue."

Ich ging also von früh bis spät zu jeder Veranstaltung des „Open Forum". So wie ich es verstand, durften zum ersten Mal die Zuschauer mit diskutieren, indem ihnen ein Mikrofon gereicht wurde. Und zum ersten Mal wurde die gesamte Veranstaltung im Internet in die ganze Welt übertragen. Mein Verstand dachte: „Aha, deshalb sollst du hier hingehen. Du sollst was von der Liebe als der Lösung für alle Probleme erzählen." Gleichzeitig schwitzte ich Blut und Wasser bei dem Gedanken, ich würde mir das Mikrofon reichen lassen und müsste vor Hunderten, Tausenden, vielleicht Millionen Menschen meine „komischen" Ansichten äussern.

Trotzdem meldete ich mich mutig und beharrlich immer wieder, einmal sogar 45 Minuten am Stück. Ich bekam jedoch kein einziges Mal das Mikrofon. Allen anderen um mich herum wurde das Mikrofon gereicht, nur mir nicht. Irgendwie war ich wie ausgeblendet. Es gab sogar Leute in meiner Nähe, die dies bemerkten und sich darüber aufregten. Aber insgeheim war ich amüsiert und ehrlich gesagt, sehr erleichtert.

Die Organisatoren hatten sich wohl nicht gedacht, dass es bei den Zuhörern heftige Kritiker geben könnte. Es brachen regelrechte Tumulte aus. Auf dem Podium wurde geschrien, um Redner aus dem Publikum mundtot zu machen. Hilfspersonal versuchte, den kritischen Rednern das Mikrofon wieder wegzunehmen. Es war echt was los. Und ich mitten drin mit meiner verrückten Ansicht, die Liebe sei die Lösung auch für politische, wirtschaftliche, nationale und globale Probleme, für Korruption, Armut, politische Konflikte und Kriege.

Erleichtert, dass ich nicht vor einer grossen Menge hatte sprechen müssen, mit mir zufrieden, dass ich meinen Auftrag erfüllt hatte, ging ich nach Hause. „Seht ihr, liebe Engel, ich habe mich ja bemüht, eurer Weisung zu folgen, aber ich bin halt nicht dran gekommen."

Völlig erschöpft von der anstrengenden Woche, meinen inneren Kämpfen und dem Ringen mit meinen Ängsten, legte ich mich aufs Sofa und schlief ein. Für mich war das WEF zum Glück zu Ende. Dachte ich. Manchmal ist es wirklich so: Der Mensch dachte, und Gott lachte.

Als ich erwachte, sagte mir eine Stimme: „Geh zu der Open Air Veranstaltung der Aktivisten, zu dem Ort, wo sie sich nach der Anti-WEF-Demonstration treffen." Ich war schockiert. Hörte das denn nie auf mit diesem WEF?! Und mit Aktivisten hatte ich wirklich nichts zu tun. Die hatte ich am „Open Forum" zur Genüge erlebt. Ihre Ziele, vor allem ihre Versuche, Korruption zu bekämpfen, waren ja letztlich nette Ziele. Aber ihre Methoden lehnte ich mittlerweile ab. Früher hatte ich auch für meine Ziele und gegen das von mir Unerwünschte gekämpft. Früher war ich auch zu Anti-Kriegs-Demonstrationen gegangen. Aber in den letzten Jahren hatte ich meine Meinung grundlegend geändert. Ich hielt es seitdem eher mit Mutter Theresa. Wenn wir etwas bekämpfen, wächst es. Laut meiner Lebensphilosophie und der AK-Strategie® ist die Liebe die Lösung für alle Probleme. Das trifft meiner Meinung nach auch auf das Auflösen von Korruption zu.

Ich hatte keine Lust, mich im Dunkeln bei der Eiseskälte mit Aktivisten zu treffen. Leider konnte ich nicht vorgeben, den Ort nicht zu kennen. Denn ich hatte beim Betreten des „Open Forums" vor der Türe einen entsprechenden Zettel in die Hand gedrückt bekommen.

Also zog ich mich sehr warm an und ging zur Versammlungsstelle. Als ich mich ihr näherte, sah ich, dass dort ein Feuer brannte. Sofort hatte ich ein Déjà-vécu-Erlebnis. Mein Körper „stand in Flammen" und zeigte alle Symptome einer Verbrennungsszenerie. Das kam mir alles zu bekannt vor aus früheren Leben: Ich war an einem Ort unter freiem Himmel, sprach über die Liebe und wurde anschliessend verbrannt. Mein erster Impuls war wegzulaufen. Doch mein Verstand sagte mir, dass wir in anderen Zeiten lebten und ich in diesen Breitengraden nicht mehr wirklich verbrannt werden würde.

So ging ich tapfer zu der kleinen Gruppe Menschen, die mich freundlich empfing. Es war eine nette, friedliche Gruppe. Wir redeten ein bisschen, diskutierten, und dann wagte ich meine so ganz andere Meinung zu sagen. Sie hörten freundlich und interessiert zu, interessierten sich sogar für mein Institut und liessen sich meine Visitenkarte geben. Aber ich hatte das Gefühl, dass sie überhaupt nicht verstanden, was ich sagen wollte. Offenbar konnte ich mich weder gegenüber den „Korrupten" noch gegenüber denjenigen, die die Korruption bekämpften, verständlich machen.

Als ich nach Hause kam, war mein Freund schon da und sagte: „Wo kommst du denn her? Warum riechst du so nach Rauch?" Als ich ihm erzählte, wie es mir ergangen war, wurde uns beiden klar, dass ich eine Feuererfahrung überlebt hatte. Schmunzelnd nahmen wir das als Anlass zum Feiern.

Noch mehr Herausforderungen, Mutproben und Läuterungen

Als nächstes veranlasste mich das Universum, eine Persönlichkeit des öffentlichen Lebens zu kontaktieren, die mir über mehrere Jahre hinweg positiv aufgefallen war. Jedes Mal, wenn ich von ihr gelesen hatte, hatte ich gedacht, dass diese Person ähnlich positiv unterwegs wäre wie ich und irgendwie an die Kraft der Gedanken glauben müsse. Zumindest, so dachte ich, müsse sie davon überzeugt sein, wie wichtig es sei, seine Gedanken bewusst zu wählen und auf das auszurichten, was wir erleben wollten.

Als mir die Geistige Welt sagte, ich solle diese Person anschreiben, bekam ich einen gehörigen Schrecken. Ich fühlte mich nicht selbstsicher genug, mit „berühmten" Personen zu verkehren. Aber ich tat mal wieder wie mir geheissen und rechnete gar nicht damit, dass diese Person sich herablassen würde, sich Zeit für mich zu nehmen.

Postwendend schrieb die Person zurück, sie würde spüren, dass sie mich unbedingt treffen müsse. Damit hatte ich nun überhaupt nicht gerechnet. Ich war selbst überrascht, welche Panik dies in mir auslöste. Zum Glück schrieb die Person aber auch, dass sie gerade neue Aufgaben übernommen hätte und unser Treffen gern auf einen späteren Zeitpunkt vertagen würde. Welch eine Erleichterung für mich! So konnte ich mich auf das Treffen innerlich vorbereiten. Das Universum sollte sich noch einiges einfallen lassen, um mich in den nächsten Monaten zu fordern und damit zu fördern, so dass die Begegnung mit der Person letztlich ein „Klacks" für mich war und ich mich völlig wohl, gelassen und souverän fühlen konnte. Dennoch war das Treffen mit dieser Person eine Offenbarung für mich. Aber davon später mehr.

Während Petra und ich das Buch für den Druck vorbereiteten, nahmen die Anfragen für Beratungen und Behandlungen zu. Es machte mir riesige Freude, den Menschen in meinen wunderschönen Räumen, für die ich stets grosse Komplimente erhielt, dienen zu können. Viele freudvolle und erfüllende Stunden durfte ich dort verbringen und sehen, wie sich in den Menschen Liebe, Licht und Hoffnung vermehrten. Schon allein die hohe

Energieschwingung der Räume trug zur Bewusstseinsveränderung und Heilung bei.

Endlich konnte ich öffentliche Meditationsrunden und eine Art Frage- und Diskussionsrunde anbieten. Letzteres war ein jahrzehntelanger Wunsch von mir gewesen, insofern als ich mir immer gewünscht hatte, an einer Art Philosophenrunde teilzunehmen und mich regelmässig mit anderen Menschen über unsere Lebensphilosophien auszutauschen, über Gott und die Welt zu diskutieren. Herauszufinden, wie das Leben funktionierte und wie andere darüber dachten, war schon immer mein grosses Interesse gewesen. Leider hatte ich nie einen passenden Kreis gefunden. Nun war die Zeit gekommen, selbst einen ins Leben zu rufen.

Ich wollte gleich mehrere Wünsche in einer Veranstaltungsreihe unter einen Hut bringen: Erstens wollte ich meine Gedanken über das Leben, meine persönlichen Wahrheiten, die AK-Strategie® und damit Hoffnung, Licht und Liebe verbreiten. Zweitens wollte ich die Meinung anderer Menschen hören und mit ihnen diskutieren. Drittens wollte ich denjenigen, die meinen Ansatz und meine Methoden kennenlernen wollten, ohne gleich eine Sitzung bei mir zu buchen, die Gelegenheit geben, meine Arbeit kennenzulernen. Viertens wollte ich denjenigen, die sich mein Honorar nicht leisten konnten, die Möglichkeit bieten, sich kostenlos eine Beratung zu holen.

Diese Veranstaltungen machten und machen mir grossen Spass. Ich habe dadurch viele wundervolle, liebevolle und interessante Menschen kennengelernt.

Die Angst konfrontieren und dadurch wachsen

Die grossen Herausforderungen kamen für mich mit dem Auftrag der Geistigen Welt, Vorträge über Themen zu halten, die ich für zu provokativ hielt. Der erste Vortrag sollte den Titel tragen "Enthalten Krankheiten Botschaften?" Das Universum hatte mir schon seit ein paar Jahren gesagt, ich solle diesen Vortrag halten. Ich hatte aber immer zu viel Angst gehabt.

Ich wusste, wie Rüdiger Dahlke und andere Vertreter dieser These bekämpft, beschimpft und verrissen werden. Deshalb hatte ich mich nie getraut, in dem kleinen Davos öffentlich mit dieser These aufzutreten. Ich fürchtete den Zorn der Ärzte, Apotheker, im schlimmsten Fall der Pharmaindustrie. Ich hatte schon aus nächster Nähe erlebt, wozu die Pharmaindustrie fähig ist, wenn sie glaubt, jemand würde ihnen ihr Geschäft gefährden. Natürlich mischten sich diese Ängste auch mit Erfahrungen aus früheren Leben, als ich für meine Wahrheiten eingetreten war und es nicht nur um meine finanzielle und berufliche Existenz, sondern um Leben und Tod ging. Vor meinem inneren Auge sah ich mich mal wieder auf dem Scheiterhaufen brennen, wenn ich diesen Vortrag halten würde.

Nun aber drängte mich die Geistige Welt, nicht länger zu warten. Also folgte ich wieder der Führung meines Höheren Selbst und inserierte den Vortrag in der „Davoser Zeitung". Jetzt konnten alle Davoserinnen und Davoser sehen, was ich für unerhörte Ansichten hatte. Ich war Erzengel Michael sehr dankbar, dass er mir besonders in jenen Tagen sehr half, viel Mut und Vertrauen zu entwickeln.

Der Vortrag war ein grosser Erfolg. Ich war mal wieder in meinem Element und schwebte danach tagelang auf Wolke Sieben. Verbrannt wurde ich nicht...smile. Zwar kamen nicht allzu viele Menschen. Ich habe auch gar nicht so viel Platz. Aber ich hatte von der Geistigen Welt gelernt, dass es auf Zahlen nicht ankommt, wenn man auf dem spirituellen Weg ist. Was allein zählt, ist die Freude. Der grösste Wunsch unserer Seele ist es, voll Freude zu dienen, mit dem, was uns Spass macht, und mit unseren Talenten, Fähigkeiten, Interessen und Leidenschaften. Genau das tat ich. Und es kamen genau die richtigen Menschen in der richtigen Anzahl, so wie ich es stets beim Universum „bestellte".

Selbst wenn nur eine Person zu einer Diskussionsrunde kam, die ich mittlerweile „Zu Gast bei Angelika Keil" nannte, war das genau richtig. Daraus ergaben sich dann fast die schönsten Abende mit spannenden Gesprächen. So konnte ich auf diese Person viel intensiver eingehen, und wir beide profitierten in höchstem Masse davon.

Das Universum liess mich nach dem ersten Vortrag nicht lange ruhen. Der nächste Vortrag stand an. Der Titel sollte lauten „Hoffnung für Schmerzpatienten". Das war für mich noch schlimmer als die Sache mit den Botschaften von Krankheiten. Denn jetzt pfuschte ich der Schulmedizin wirklich ins Handwerk, wenn ich behauptete, Methoden zu kennen, die selbst chronische und angeblich unheilbare Schmerzen und Krankheiten auflösen konnten. Wenn die Patientinnen und Patienten ihre Schmerzen und Krankheiten auflösen würden, bräuchten sie weniger oder keine Medikamente mehr. Sie bräuchten auch weniger bis keine Arztbesuche und Therapien mehr.

Mir war zwar klar, dass nicht alle Patientinnen und Patienten alle Krankheiten und Schmerzen auflösen würden, so dass nicht alle Ärztinnen und Ärzte, Therapeutinnen und Therapeuten und Medikamente überflüssig würden. Aber wenn sich die alternativen, ganzheitlichen Heilmethoden von anderen Anbietern und von mir verbreiten würden, könnten sich doch einige Berufspersonen in ihrer Existenz bedroht fühlen. Es sei denn, sie würden selbst diese Methoden erlernen und anwenden.

Der Teil in mir, der mich immer klein halten will, geriet also wieder in Panik und schimpfte mit mir, für wen ich mich denn eigentlich halten würde, ob ich grössenwahnsinnig sei, ob ich jetzt den Ärzten ins Handwerk pfuschen und mich über sie stellen wolle, ob ich jetzt noch anstreben würde, quasi meine eigene Klinik aufzubauen. Ich führte wieder innere Kämpfe mit mir und vertraute mich einer älteren Dame an, die zu einer wichtigen Freundin für mich geworden war. Sie reagierte für mich völlig überraschend.

Anstatt zu sagen, nun wolle ich wirklich ein bisschen zu weit gehen, sagte sie, der Klinikgedanke sei gar nicht so unrealistisch. Was ich mache, habe alles Hand und Fuss, sei gut durchdacht, sie wäre von der AK-Strategie* überzeugt und es gäbe viele Menschen, die sich für diese ganzheitliche Sichtweise interessieren und nach Lösungen suchen würden. Ich war baff. Und es tat unendlich gut, eine solch erfahrene Weltenbürgerin, die sie ist, solche Worte sprechen zu hören. Überhaupt war sie in der Gründungs- und Aufbauzeit meines Instituts eine sehr wichtige Inspiration, seelische Stütze und Hilfe für mich.

Ich hielt den Vortrag, und da er wieder so viel Spass machte und so gut ankam, bot ich ihn bald sogar ein zweites Mal an. Nun hatte sich schon etabliert, dass ich ungefähr einmal im Monat einen Vortrag in meinem Institut hielt. Mittlerweile kamen manche interessante, inspirierende und liebevolle Menschen öfters in mein Institut. Es entwickelte sich so etwas wie eine Art kleine nette Familie. Die ersten 40 Jahre meines Lebens hatte ich geglaubt, ich müsse mich anderen anpassen, immer lieb, brav und nett sein, um Anerkennung und Liebe zu bekommen. Wenn das nicht funktioniert hatte, hatte ich mich eben noch mehr für meine Mitmenschen eingesetzt und mich noch mehr für sie verbogen.

Seit ich jedoch Anfang 2003 begonnen hatte, mir immer mehr selbst treu zu sein, immer authentischer zu sein, zunehmend mein eigenes Selbst zu leben und später mein Höheres Selbst zum Ausdruck zu bringen, habe ich ganz andere Erfahrungen machen dürfen. Zwar haben sich wirklich frühere Bekannte, Freundinnen und Freunde, die nicht mehr zu mir passten, von mir getrennt. Aber dafür sind so viele neue liebe Menschen in mein Leben gekommen und ich bekomme so viel Liebe, Wertschätzung und Anerkennung, wie ich mir niemals hätte erträumen können. Und das völlig ohne Anstrengung, ohne im Hamsterrad zu laufen, einfach nur, weil ich ich selbst bin und zu mir, meinen Ansichten und Bedürfnissen stehe. Und was bedeutet das genau? Das bedeutet, dass ich mir selbst die Anerkennung, Liebe und Wertschätzung gebe, die ich mir früher von anderen gewünscht, aber kaum bekommen habe. Denn ich habe mich selbst allzu oft mit Füssen getreten, um mich für andere aufzuopfern und zu verbiegen.

Eine erstaunliche Begegnung

Nachdem mein Buch erschienen war, riet mir die Geistige Welt, nun diese „berühmte" Person einzuladen und um Rat zu fragen, wie ich mein Buch und damit die AK-Strategie® verbreiten könne. Die Person hatte nun „zufällig" Zeit und sagte, sie käme gerne zu mir ins Engel-Institut. Ich war verwundert, denn mein Institut heisst ja gar nicht Engel-Institut. Nur meine Website-Adresse heisst www.engelinstitut.ch. Dieses Mal war ich voller Vorfreude und ohne jegliche Angst. Das zeigte mir, wie viel Läuterung und damit Stärkung meines Selbstvertrauens ich in den letzten Monaten erfahren hatte.

Das Treffen verlief völlig unerwartet und wurde zu einer Offenbarung für mich. Schon bei der Begrüssung sagte die Person, ich bräuchte sie nicht davon zu überzeugen, dass es Engel gäbe. Davon wäre sie überzeugt. Ich schmunzelte in mich hinein, denn ich dachte bei mir: „Du kennst die Engel wahrscheinlich schon viel länger als ich. Ich kenne sie ja erst seit anderthalb Jahren."

Die Person bat mich, ihr meine AK-Strategie® vorzustellen, was ich nur zu gern tat. Ich war ganz offen und ehrlich und verheimlichte auch nicht, dass mir die AK-Strategie® von der Geistigen Welt eingegeben worden war. Die Person hörte mir sehr aufmerksam zu und sagte dann etwas, was mich völlig verblüffte. Sie sagte, sie hätte eine sehr ähnliche, fast identische Strategie entwickelt, die auch ihr vom Universum eingegeben worden sei. Sie würde andere Worte und Begriffe benutzen, da sie mit anderen Personenkreisen in Management und Wirtschaft zu tun hätte. Sie hätte auch den Auftrag, der Bewusstseinsveränderung und der „neuen Gesellschaft" zu dienen. Dann fügte sie hinzu: „Es ist kein Zufall, dass Sie in Davos sind und nicht in Arosa oder Klosters. Und das hat etwas mit dem WEF zu tun." Ich bekam eine Gänsehaut, denn das hatte mir die Geistige Welt, wie oben erwähnt, auch immer wieder gesagt. Ich sagte dies der Person und fügte hinzu, wie gut es mir täte, nun zu wissen, dass es in Davos noch jemanden gäbe, der so „unterwegs" sei wie ich. Daraufhin sagte die Person, dass es noch mehr solcher Personen gäbe.

Das war für mich sehr ermutigend. Wenn selbst eine solch erfolgreiche, mit beiden Beinen im Geschäftsleben und in der Öffentlichkeit stehende Person meine „verrückten" Ansichten teilte, ähnliche Erfahrungen machte und ähnliche Führung erhielt wie ich, stärkte das mein Selbstvertrauen. Auch wenn ich ja eigentlich wusste, dass es uns nicht dienlich ist, wenn wir Bestätigung von aussen brauchen. Aber ich brauchte sie nicht wirklich. Ich war viele Jahre ohne jegliche Bestätigung von aussen meinem Weg gefolgt. Sicherlich hatten mich die Engel zu dieser Person geführt, um mir auf diese Weise wieder einmal ermutigende Zeichen zukommen zu lassen.

Erfüllende Seminartätigkeit im Institut

Ende Mai 2013 fand das erste Seminar zur Ausbildung in der AK-Strategie® statt. Es war ein fantastischer Event mit wundervollen Teilnehmerinnen und Teilnehmern, die sehr engagiert, liebevoll und kompetent waren. Eine tolle Gruppe, die schon im ersten Seminar wahre Wunder initiieren und erleben durfte. Jahrelange Schmerzen verschwanden, Blutungen hörten plötzlich auf und sogar das Geschwür des Seminarhundes schrumpfte dahin. Wir hatten grossen Spass und hatten viel zu lachen. Ich hatte beim Universum natürlich ein tolles Seminar bestellt mit nur den besten, freundlichsten und kompetentesten Teilnehmerinnen und Teilnehmern. Was wir dann aber erleben durften, übertraf mal wieder meine kühnsten Träume. Dass ich so viel Freude, Bereicherung und Erfüllung erleben durfte, hatte selbst ich mir nicht vorstellen können. Ich schwebte wieder tagelang auf Wolke Sieben.

Das Feedback war äusserst ermutigend und zeigte mir, dass das Leiten von Seminaren mein Ding war. Das war nicht wirklich verwunderlich, denn ich hatte es schon immer geliebt, auch schon an der Universität. Und Didaktik, Pädagogik, Gesprächsführung, Psychologie und Kommunikation waren schon immer meine besonderen Interessengebiete gewesen.

Am Ende des Seminars hatten die Teilnehmerinnen und Teilnehmer viele gute Ideen für weitere Seminare. Damit begann eine wunderbar leichte Zeit für mich. Denn wie sich herausstellte, erhielt ich durch Menschen, die mich um Seminare zu bestimmten Themen baten, die himmlische Führung, was für mich als nächstes anstand. Ausserdem gab ich dem ersten, der um ein Seminar bat, jeweils die Möglichkeit, seinen Wunschtermin zu äussern. So gab ich sozusagen etliche Planungsarbeit an die Engel ab, die mir in Gestalt lieber und interessierter Menschen halfen, mein Arbeitsleben zu erleichtern.

Voll Freude konzipierte, plante und organisierte ich die nächsten Seminare. Jetzt, mit meinen eigenen Räumen machte mir die Organisation nichts mehr aus. Es war alles enorm viel leichter geworden. Ich konnte völlig entspannt sein. Denn selbst wenn ein Seminar oder eine andere Veranstaltung nicht stattfinden würde, weil sich niemand anmelden sollte, war das keinerlei Problem. Es gab kein Risiko und keine grösseren Umstände für mich. Ich musste keine auswärtigen Räume reservieren und rechtzeitig wieder absagen. Ich musste meine Utensilien nicht herumschleppen. Ich konnte ein reichhaltiges Snackangebot bieten und als i-Tüpfelchen meine kleinen Wellness- und Heil-Angebote. Diese können Seminarteilnehmer und -teilnehmerinnen testen, um sich selbst etwas Gutes zu tun oder um vielleicht etwas zu entdecken, was sie in ihr Heilangebot für ihre Klientinnen, Klienten, Patientinnen und Patienten integrieren möchten. An externe Seminarorte würde ich manche dieser Dinge aufgrund ihrer Grösse und Menge nicht transportieren können oder wollen.

Seit der Eröffnung meines Instituts hatte sich die Art der Klientinnen und Klienten um einiges verändert. Jetzt, da ich öffentlich gemacht hatte, dass ich neben der AK-Strategie® auch Engelberatung und Energieübertragung anbot, kamen viel mehr Menschen zu mir, die spirituell interessiert oder zumindest für Spirituelles offen sind. Etliche kamen direkt zur Engel-Beratung oder zur Energieübertragung, welche mir grösste Freude machen und zu meinen Haupt-Leidenschaften gehören. Ich bin zwar während der Arbeit in meinen Beratungen, Behandlungen und Veranstaltungen stets mit der Geistigen Welt in Verbindung. Aber Engelkartenreadings, Engel-Beratung und Energieübertragung sind noch mal etwas ganz Spezielles und bringen mich in eine ganz besondere Energie.

Rückblickend auf das erste Jahr im neuen Institut kann ich wirklich sagen: Die Botschaft der Steissbeinprobleme von Ende 2010, ich solle mehr Leichtigkeit in meine Arbeit selbst bringen, habe ich umgesetzt und ist in Erfüllung gegangen. Und die Botschaft, ich solle wieder Seminare geben, habe ich auch zu meinem besten und höchsten Wohle und dem anderer umgesetzt. Meine Arbeit ist so leicht, freudvoll und erfüllend geworden, dass ich mich manchmal frage, ob ich nicht meine Klientinnen, Klienten, Seminarteilnehmerinnen und Seminarteilnehmer dafür bezahlten müsste, dass sie mir solch eine freudvolle und erfüllende Tätigkeit ermöglichen. Solange ich jedoch noch für meinen eigenen Lebensunterhalt sorgen darf, erinnern mich die Engel stets daran, nicht zu viel zu verschenken, sondern im gesunden Ausgleich von Geben und Nehmen zu bleiben. Dennoch ist es mein Wunsch, mich finanziell so weit entwickeln zu können, dass ich regelmässig gratis Beratungen oder Behandlungen anbieten kann für Menschen, die sich mein Honorar nicht leisten können.

Die Verwandlung

Während ich den ersten Sommer in meinem Institut in vollen Zügen genoss und nachdem ich die heftigsten Mutproben bestanden hatte, die mir die Geistige Welt gestellt hatte, geschah mal wieder etwas ganz Spezielles, und zwar wieder einmal auf meinem Weg auf die Schatzalp. Wie üblich rief ich Fridolin, um ihn zu fragen, wie es ihm gehe. Doch statt Fridolin in grössten Höhen fliegen zu sehen wie üblich, sah ich plötzlich statt des kleinen süssen Gespenstes Fridolin eine riesige weisse Eule auf meinen Schultern sitzen. Sie hatte ein schneeweisses Federkleid, in welches mein Kopf völlig weich eingehüllt war. Dies verlieh mir ein wunderbares Gefühl der Geborgenheit. Der Kopf der Eule ragte über meinen Kopf hinaus. Sie war vollkommen ruhig und schaute mit unendlich weisen, ruhigen Augen, die sowohl in der Ferne als auch in der Nähe alles zu sehen schienen. Ich war überwältigt von dem wundervollen Gefühl der absoluten Geborgenheit, des tiefen Friedens, des Einsseins…. Ich weiss nicht, mit welchen Worten ich diese Erfahrung beschreiben soll.

Fridolin war zu einer weissen Eule geworden. Mein wahres Selbst, Höheres Selbst(?) sass auf meinen Schultern, und ich war in ihm geborgen. Seit diesem Tag sitzt die Eule immer auf meinen Schultern. Wenn ich mich bewusst an sie erinnere und mich somit mit ihr verbinde, fühle ich mich jedes Mal absolut geborgen und sicher. Im Laufe der Zeit wurde sie grösser und breiter, aber sonst hat sich bis jetzt, da ich diese Zeilen schreibe, noch nicht wieder etwas geändert. Sie ist mein steter, stiller Begleiter. Aber wer weiss, was sich noch alles Spannendes entwickeln wird.

Diese Verwandlung von Fridolin in eine Eule rief in mir die Erinnerung an zwei verschiedene Erlebnisse wach. Die eine war eine kurze Episode. In vielen spirituellen Schulen wird die menschliche Persönlichkeit, das „Ego", als etwas Schlechtes bezeichnet, das im Gegensatz zum Höheren Selbst steht und bekämpft werden muss. Es heisst dann immer, man müsse, wenn man sich spirituell weiter entwickeln wolle, das Ego auflösen, um nur noch der Führung des Höheren Selbst zu folgen. Für mich war das aufgrund meines Ansatzes der AK-Strategie® immer etwas schwierig gewesen.

Denn die Basisthese der AK-Strategie® lautet, dass die Liebe die Lösung für alle Probleme ist und nur sie zum Erreichen aller Ziele führt. Liebe aber ist „Annehmen" und damit das Gegenteil von Kämpfen und Ablehnen. Wie konnte ich mein Ego bekämpfen, um es aufzulösen? Alles, was wir bekämpfen, wächst und vergrössert sich. Also war auch die Liebe die Lösung, wenn wir unser Ego als ein Problem betrachteten. Ausserdem ist in der AK-Strategie® alles, was oberflächlich betrachtet und im ersten Moment „unangenehm" ist, in Wahrheit ein Geschenk, eine Lern- und Heilchance, die ich mir selbst unbewusst mache, um zu wachsen, zu lernen, stärker, reifer, kompetenter und bewusster zu werden. Also war mein Ego nicht mein grösster Widersacher, der mich an meiner Verschmelzung mit meinem Höheren Selbst hinderte. Sondern es war mein allergrösster Freund und Lehrmeister, der mir gerade und genau deshalb half, mit meinem Höheren Selbst zu verschmelzen, weil es mir so viel „Ärger" machte und mich so sehr forderte.

Ich beschloss also, mein Ego nicht mehr zu bekämpfen, sondern es zu lieben, anzunehmen und in mein Leben zu integrieren. Um mir dies zu erleichtern, gab ich meinem Ego eine Gestalt. Ich sah einen hageren Mann, nicht sehr glücklich, mit schwarzen zerzausten Haaren und mit gebeugtem Kopf. Ich lud ihn immer wieder ein, mit mir zu gehen, hakte ihn unter und erzählte ihm, dass das Höhere Selbst ein wunderschönes Leben für uns vorgesehen habe. So ging das einige Zeit, bis ich meinen Freund, der meines Erachtens mehr Hellfähigkeiten besitzt, als er denkt, fragte, ob er auch diese Metapher eines Mannes an meinem Arm sehen würde.

Er konzentrierte sich auf meinen Arm und antwortete zu meiner Überraschung: „Nein, ich sehe auf deinem Arm eine schneeweisse Eule. Sie sitzt vollkommen still und hat sehr weise, ruhige Augen." Ich war völlig erstaunt, dass wir so unterschiedliche Dinge sehen konnten. Aber viele Monate später, als ich die Eule auf meinen Schultern und meinen Kopf in ihrem wunderschönen Federkleid sah und spürte, erinnerte ich mich an diese Episode.

Das zweite Erlebnis, das mir in den Sinn kam, als Fridolin zur Eule auf meinen Schultern wurde, ereignete sich im Winter 2013. Ich war auf einer langen Winterwanderung mit meiner Freundin. Wir hatten ein langes, intensives Gespräch. Sie stellte mir alle kritischen Fragen, die ich mir die letzten Jahre selbst gestellt hatte. Ich hatte sie mit mir selbst und mit anderen spirituell interessierten Menschen immer wieder diskutiert. Ich hatte über sie in Büchern gelesen und oftmals dazu gechannelt.

Meine Freundin spiegelte mir sozusagen meine restlichen Zweifel, die ich hatte. Das betraf solche Fragen wie: Darf ich für meine Dienstleistungen überhaupt Geld nehmen, jetzt, da ich seit Gründung des Instituts nicht mehr über die Grundversicherung abrechnen konnte? Es gab doch Menschen, die sich mein Honorar nicht leisten konnten. Vielleicht dürfte ich für Coaching Geld nehmen, aber doch sicher nicht für Energieübertragung. Durfte ich meinen Klientinnen und Klienten überhaupt meine persönliche Wahrheit sagen, selbst wenn ich immer betonte, es sei nur meine persönliche Wahrheit und ich mache nur Angebote, jeder solle bitte selbst in sich hinein spüren, ob er damit in Resonanz geht. Meine Freundin meinte, es gäbe doch so viele labile Menschen, die nicht selber spüren könnten, ob meine Wahrheit auch ihre sein könnte.

Ich hatte natürlich auf jede der vielen Fragen meiner Freundin eine Antwort. Denn ich hatte diese Fragen so oft mit mir selbst und anderen diskutiert. Meine Freundin und ich hatten ein liebevolles, respektvolles Gespräch, aber ich hatte mich extrem engagiert und bekam langsam in der eisigen Luft Halskratzen, da ich viel und schnell geredet hatte. Ich war nicht mehr ganz so gelassen, sondern hatte mich etwas echauffiert.

Wenn ich einen Mann hätte, so sagte ich, der mich versorgt, ich einen „Brotjob" hätte und meine Dienstleistungen nur nebenberuflich in meiner Freizeit anbieten würde, wenn ich reich geerbt oder sonst einen Sponsor hätte, könnte ich meine Arbeit in der Tat gratis oder erheblich günstiger anbieten. Da ich aber meinen Lebensunterhalt damit verdienen durfte und aufgrund meines Werdegangs und meiner früheren Krankheiten weder eine Krankentaggeldversicherung noch eine Krankenzusatzversicherung hatte, weder eine Altersversorgung hatte ansparen können noch ein Erbe möglich war, musste ich bei aller Nächstenliebe auch kaufmännisch denken. Die Alternative war, von Sozialhilfe zu leben und nebenher in meinem

Wohnzimmer meine Arbeit anzubieten. Mir hätte das völlig genügt. Ich hätte gut wieder in mein kleines Studio meiner Anfangszeit in Davos zurückgehen können. Aber diesen Weg hatte mein Höheres Selbst nicht für mich ausgewählt, und ich hatte meinem Höheren Selbst im Dezember 2011 versprochen, nur noch seiner Führung zu folgen und meine Lebensaufgabe zu erfüllen.

Ich hatte das Thema Geld natürlich auch etliche Male gechannelt. Ich hatte Jesus gefragt, ob ich für meine Tätigkeit Geld nehmen dürfe. Insbesondere, wenn ich bei der Energieübertragung mit seiner Heilenergie arbeiten durfte, kamen mir immer wieder Skrupel. Er aber sagte mir Folgendes: „Natürlich darfst du Geld nehmen. Das ist ein Geben und Nehmen. Es ist deine Zeit, dein Werdegang, deine Entwicklung. Du hast viel Zeit und Mühe da hinein gesteckt. Du bist einen weiten Weg gegangen. Du hast hart an dir gearbeitet, um dich so weit zu bringen. Du hast viel, viel Schmerz auf dich geladen, um so weit zu reifen. Das alles gibst du. Und du musst ja auch von was leben. Es ist in Ordnung, dass du im Moment auch gratis Angebote machst. Aber pass' auf, dass du nicht wieder zu viel verschenkst. Erinnerst du dich an Frau X? Ziehe rechtzeitig die Bremse." Frau X hatte ich sechs Jahre zuvor in meiner ersten Gründungsphase begleitet, ihr sehr viele Sonderangebote gemacht, Honorar erlassen, war für sie gratis durch die halbe Schweiz gereist, ohne dafür irgendetwas zu berechnen, und war von ihr anschliessend regelrecht mit Füssen getreten worden. Damals war die Botschaft dieser Erfahrung gewesen, ich solle mich nicht unter Wert verkaufen. Jesus erinnerte mich jetzt wieder daran.

Als meine Freundin und ich die ersten Häuser von Davos erreichten, dämmerte es bereits. Da blieben wir plötzlich beide wie angewurzelt stehen. Direkt neben uns, auf Augenhöhe, auf einem Gerüst sass eine Eule, die uns mit absolut ruhigen, weisen Augen ansah. Wir wussten sofort beide, dass dies eine Botschaft für uns war. Wir drei sahen uns lange still in die Augen. Die für mich bestimmte Botschaft war: „Fahre wieder runter, beruhige dich, komm wieder in deine Mitte. Du brauchst dich nicht zu verteidigen. Gehe deinen eigenen Weg, stehe zu dir und deiner Wahrheit. Es ist ganz wichtig, dass du zu dir und deiner Wahrheit stehst." Ich weiss nicht, was in meiner Freundin vor sich ging, aber sie sagte letztlich so etwas wie: „Das ist kein Zufall. Das hat etwas zu bedeuten. Lass' uns das Gespräch beenden."

Als ich nach Hause kam, machte ich ein Engelkartenreading und fragte, was die Eule zu bedeuten hätte. Die Engel sagten, ich solle zu meiner Wahrheit stehen und meiner inneren Führung weiter folgen.

Etliche Monate später erzählte ich einer Ornithologin von meiner Begegnung mit der Eule. Sie war völlig überrascht und fast ungläubig. Sie sagte, das Ganze sei sehr ungewöhnlich und sie hätte in Davos noch nie eine Eule gesehen. Denn diese wären sehr scheu und würden sofort verschwinden, wenn sich Menschen näherten. An diese Begegnung mit der Eule musste ich denken, als ich die Eule auf meinen Schultern entdeckte.

Marketing-Coaching mit Folgen

Seit dem ersten Seminar Ende Mai 2013 hatte ich den Wunsch, die wundervolle Landschaft von Davos, die Berge, Seen, Wälder, Wiesen, Bäche und Wasserfälle mit in mein Seminarprogramm einzubeziehen. Ausserdem wollte ich einige von den vielen spannenden Angeboten anderer Dienstleister in Davos aus dem Bereich Gesundheit, Wellness und Freizeit einbinden. Mein Freund, meine Freundin und ich diskutierten oft darüber, wie dies möglich sein könnte.

Da erhielt ich die Führung, wobei mal wieder mein Freund als Erfüllungsgehilfe des Universums fungierte, an einem Webinar, einem Seminar im Internet, teilzunehmen. Bis dato hatte ich gar nicht gewusst, dass es so etwas gibt und was das ist. Aus diesem Webinar ergab sich dann ein kleines aber feines Marketing-Coaching. Die Engel hatten mir gesagt, ich solle dieses buchen, sie hätten mir diesen Marketing-Coach zugeführt. Was sich aus diesem Coaching alles entwickeln würde, davon hatte ich keine Ahnung.

Zuerst dachte ich, dieser Mann sei ein reiner Techniker, der mir hinsichtlich Marketing im Internet ein bisschen auf die Sprünge helfen könne. Dann aber stellte sich heraus, dass er etliche Hellfähigkeiten besass und viel über mich, meine Wünsche, Potenziale und auch über meine selbst erschaffenen Begrenzungen wusste. Er gestand, dass er nur mein Foto auf meiner Website angesehen hatte und dadurch die Informationen empfing, die er für ein Coaching für mich brauchte. Er sagte, dass er mir das nur sage, da er auf meiner Website gesehen hätte, dass ich spirituell arbeitete. Anderen Kunden, die offensichtlich mit Spirituellem nichts zu tun hätten, würde er davon natürlich nichts sagen. Er empfahl mir unter anderem das, was meine Freundin, mein Freund und ich seit Mai diskutiert hatten, nämlich die Landschaft Davos und andere Anbieter einzubeziehen und exklusive Packages anzubieten.

Ausserdem konfrontierte mich der Coach mit begrenzenden Glaubenssätzen, die ich selbst noch nicht wahrgenommen hatte. Ich hatte eigentlich gedacht, meine Bescheidenheit und mein Kleinmachen schon bearbeitet zu haben. Aber es stellte sich heraus, dass ich mich nur ein klein wenig für mehr Fülle geöffnet hatte, jedoch nicht genug, um das Institut aufbauen und zum Wohle aller aufrecht erhalten zu können. Wenn ich das Institut auf Dauer behalten wollte, musste ich es weiter entwickeln. Dazu musste ich mich aber für noch mehr Gutes öffnen, auch für mehr finanzielle Mittel und materiellen Wohlstand. Denn Innovationen brauchen Geld. Ich musste mich entscheiden, ob ich mich für den Grossumschlag entscheiden wollte oder ob ich klein und bescheiden bleiben wollte, womit sich das Institut allerdings nicht auf Dauer finanzieren liess. Mir kam in den Sinn, was mir Jesus ein gutes Jahr zuvor gesagt hatte. Wie oben erwähnt, hatte ich ihn gefragt, ob ich wirklich so etwas Verrücktes tun und diese Arztpraxis mieten solle. Darauf hatte er sagt, ich sei immer so bescheiden, jetzt käme der Grossumschlag. An solch einen Grossumschlag wie jetzt von meinem Marketing-Coach erwähnt, hatte ich damals jedoch gar nicht gedacht.

Während des Coachings entdeckten wir einen weiteren begrenzenden Glaubenssatz, den ich auflösen musste, wenn ich mein Institut auf stabile Beine stellen wollte. Der Coach sagte, ich könne das Institut nicht allein aufbauen. Ich wolle zwar alles alleine und selber machen, bis hin zum Putzen, aber das ginge nicht. Ich müsse mich auf meine Kernaufgaben konzentrieren, das heisst, die Konzepte und Produkte entwickeln und mich auf die Beratungen, Behandlungen und Seminare konzentrieren. Alle andere Arbeit müsse ich abgeben. Ich hatte natürlich selbst schon gemerkt, dass mir die Zeit für die eigentlich wichtigen Aufgaben hinten und vorne fehlte. Ich hatte es völlig unterschätzt, wie viel Zeit das ganze Drumherum kosten würde. Schon allein wenn ich einen Handwerker ins Institut lassen musste, fehlten mir mindestens anderthalb bis zwei Stunden am Schreibtisch. Denn ich musste hinfahren, ihn hineinlassen, warten bis er fertig war und wieder zurückfahren. Aber das Institut warf noch nicht so viel ab, als dass ich jemanden hätte einstellen können. So gerne ich das gemacht hätte. Und ich kannte mittlerweile auch liebe und kompetente Personen, denen ich gerne den einen oder anderen Auftrag gegeben hätte.

Mein Marketing-Coach sagte auf diesen Einwand hin, ich solle überlegen, welche Personen ich kennen würde, die von der Sache, vom Projekt angetan seien. Dann solle ich diese Personen um Hilfe bitten und ihnen gleichzeitig sagen, dass ich ihnen nicht versprechen könne, dass ich ihnen jemals etwas zurückgeben könne. Peng, das sass. Ich war so schockiert von dieser Idee, dass mir übel wurde. Ich war mein Leben lang davon überzeugt gewesen, dass ich Personen bezahlen muss oder zumindest Gleichwertiges zurückgeben muss, wenn sie mir helfen.

Der Coach sagte mir zwar, dass alle erfolgreichen Menschen am Anfang Hilfe gebraucht hätten und die wenigsten diese hätten bezahlen können, dass diese Helfer einfach vom Projekt begeistert waren und ihren Lohn daraus zogen, bei diesem Projekt dabei sein zu dürfen. Aber mich wühlte dieser Gedanke so sehr auf, dass ich drei Tage und Nächte „meinen Klammeraffen" hatte. Ich litt wie ein Hund, während ich mit mir innerlich kämpfte. Musste ich meinem Institut und meiner Lebensaufgabe zuliebe meinen in Stein gemeisselten Glaubenssatz aufgeben?!

Wenige Tage später las ich „zufällig" auf Facebook, wo ich seit kurzem Mitglied war, auf der Seite von Rüdiger Dahlke, einem meiner grossen Vorbilder, dass er um finanzielle Hilfe bat für sein neues Projekt in Österreich. Er fügte hinzu, dass er niemandem versprechen könne, dass er ihm jemals etwas zurückgeben könnte. Sogar ein für mich so erfolgreicher Mann bat um Hilfe und dazu so öffentlich auf Facebook? Das hatten die Engel ja mal wieder super angestellt, dass ich das so rein „zufällig" las.

Ich beschloss, wenigstens die Hilfsangebote, die ich schon vor meinem Coaching von zwei Frauen bekommen hatte, mit gutem Gewissen anzunehmen. Aber ich brauchte erst noch etlichen Leidensdruck, um von mir aus um die Hilfe zu bitten, die ich am dringendsten brauchte.

Seminare in meinen eigenen Räumen abzuhalten, hat die erwähnten Vorteile, die ich nicht missen möchte. Es bedeutet für mich, die ich alles allein mache, aber auch jeweils zwei Tage organisatorische Vorbereitung wie Einkaufen der Pausensnacks, Blumen, Kerzen und so weiter, was ohne Auto eine mehrmalige Angelegenheit ist und somit viel Zeit beansprucht. Dazu kommen Putzen, Umräumen des Mobiliars, Aufbau der Snacks und des entsprechenden Geschirrs. Direkt nach dem Seminar brauche ich jeweils zwei Tage, um alles wieder auf- und umzuräumen und zu putzen, bevor die Räume wieder für den Normalbetrieb bereit sind. Eigentlich bräuchte ich nach einem mehrtägigen Seminar inklusive Vorbereitung ein bis zwei Tage Erholung. Dies war bisher aber noch nicht möglich gewesen.

Als ich aber am zweiten Tag des Aufräumens und Putzens nach einem der Seminare völlig erschöpft war, sah ich ein, dass es so nicht weiter gehen konnte. Ich schrie regelrecht zum Universum: „Okay, ich sehe es ein. Ich schaffe es nicht allein. Ich bin jetzt bereit, unbezahlte Hilfe anzunehmen. Bitte schickt mir liebevolle und hilfsbereite Menschen."

Als ich abends nach Hause kam und meine Mails abrief, hatte eine Frau geschrieben, die ich erst seit Kurzem kannte, sie würde mir gerne helfen, aber wie? Ich war sehr erstaunt, wie schnell mein Hilferuf beantwortet wurde. Tiefe Dankbarkeit und grosse Freude durchströmten mich. Am nächsten Morgen, als ich wieder meine Mails abrief, hatte eine Frau geschrieben, die ich schon monatelang nicht mehr gesehen hatte und die von meinem Marketing-Coach nichts wusste. Sie sagte, ich hätte doch bald Tag der offenen Türe, ob ich Hilfe gebrauchen konnte. Eine weitere Frau, die ich wegen des Tags der offenen Türe bereits angefragt hatte, schrieb ebenfalls, sie wolle mir helfen. Wow, wie das wieder floss! Und so postwendend! Ich war wirklich nicht allein. Das Universum und die lieben Engel waren da, um mich zu unterstützen, wann immer ich sie darum bat und bereit war, Hilfe anzunehmen! Dann schickten sie mir unter anderem Engel in Menschengestalt.

Postwendende Hilfe

Solche postwendende Hilfe hatte ich in den letzten Jahren immer öfter erleben dürfen und hatte sich seit der Gründung des Instituts erheblich gehäuft. Ich lernte daraus noch nachdrücklicher, dass alles, was ich erlebe, mit der Qualität meiner Gedanken zu tun hat. Zum Beispiel gab es Momente in diesem ersten Jahr des Instituts, in denen ich, wenn der Zahltag näher rückte, nicht wusste, wie ich meine Rechnungen bezahlen sollte. So kam ich manches Mal in ein Mangeldenken und eine Angstschwingung, wie ich es nenne, wenn wir in den „Angstbaum" wechseln. Zum Glück habe ich meine Methoden, um schnell wieder in die Liebesschwingung, in die Ruhe, in die Liebe und ins Vertrauen zu kommen.

An ein Beispiel erinnere ich mich noch besonders deutlich. Es war wieder einmal Monatsende und ich durfte Geschenke der Liebe verteilen, das heisst Rechnungen bezahlen. Ich hatte einen grossen Stapel Post erhalten und begann, einen Brief nach dem anderen zu öffnen. Es waren alles Rechnungen, die ich erwartet hatte. Ich war mir sicher, dass ich dieses Mal meine Rechnungen bezahlen konnte. Doch oh Schreck, da war ein unerwarteter Brief von den Steuerbehörden mit einer hohen Steuernachforderung für eines der Jahre, in denen es mir finanziell sehr gut gegangen war. Ich geriet in Panik, denn mehrere tausend Franken hatte ich nicht übrig. Von einer Sekunde auf die andere waren meine Ruhe und Zuversicht wie weg geblasen. Ich dachte: „Nun schaffe ich es gerade immer so schön, wenn auch manches Mal in letzter Minute und mit Hilfe völlig unerwarteter Überraschungen, meine Rechnungen zu bezahlen und mein Institut zu erhalten. Und jetzt macht die Steuerbehörde mich kaputt." Ich war voller Anklage, Ärger, Ohnmachtsgefühle, Verzweiflung und Selbstmitleid.

Nach den ersten Schrecksekunden im Angstbaum erinnerte ich mich jedoch an meinen Gedankenstopp und meine Standard-Affirmation in Angstmomenten: „Stopp. Das will ich nicht mehr denken. Ich lasse mich in keinerlei Mangeldenken und Angstschwingung mehr ziehen. Ich glaube nur an Fülle, Liebe, Freude, Freiheit und Leichtigkeit. Ich bleibe immer in der Liebe, Ruhe und im Vertrauen" Ich sagte mir die letzten beiden Sätze einige Minuten lang immer wieder vor, bis sich ein Gefühl von Ruhe und Vertrauen in mir ausbreitete. Ich würde alles annehmen, was war und was kommen würde und alles würde gut sein, auch wenn ich mein Institut wieder würde loslassen müssen. Dann würde sich etwas anderes, noch Besseres in meinem Leben manifestieren.

In diesem friedvollen Zustand öffnete ich den Rest der Briefe, bis sich einer der letzten wieder als ein Brief von der Steuerbehörde entpuppte. Ich öffnete ihn völlig ruhig und gefasst. Ich traute meinen Augen jedoch nicht, als ich sah, dass dies eine Gutschrift für mich war in einer Höhe, die die Forderung des vorherigen Briefes bei weitem übertraf. Da brach ich in Tränen der Dankbarkeit und tiefsten Rührung aus. Ich dankte dem Universum für seine Fürsorge und unendliche Liebe und hatte wieder einmal einen Beweis dafür, wie sich unsere Realität innerhalb von Minuten ändern kann, wenn wir unser Denken und Fühlen ändern.

Liebe Leserin, lieber Leser, jetzt werden Sie vielleicht denken, das war Zufall. Ich könnte Ihnen aber noch viele andere solcher Beispiele nennen. Deshalb sind es für mich keine Zufälle mehr. Erinnern Sie sich an meine finanziellen Wunder in meinen ersten beiden Jahren in Davos, als immer wieder, wenn ich dachte, ich müsse abreisen, etwas passierte, das mich wieder über Wasser hielt, so dass ich nicht nur drei Monate sondern mittlerweile elf Jahre in Davos sein kann?

Diese Dinge passierten im ersten Jahr nach der Gründung meines Instituts ebenfalls sehr gehäuft. Aber diese „Wunder" und „Zufälle" betreffen nicht nur finanzielle Angelegenheiten, sondern tauchen in jeglichem Lebensbereich auf.

Ein amüsantes Beispiel möchte ich Ihnen nennen aus meiner Zeit, als ich meinen Beratungsraum noch in meiner Wohnung hatte. Auch damals erlebte ich immer öfter, dass sich etwas Erstaunliches ereignete, wenn ich meine Gedanken änderte und auf das fokussierte, was ich mir wünschte. Wie Sie wissen, interessiere ich mich mittlerweile für Feng Shui. Eines Tages las ich, dass es laut Feng Shui nicht gut sei, vor dem Fenster des Zimmers, in dem man sein Geld verdient, einen schnell fliessenden Bach zu haben. Ich war beunruhigt. Ich glaubte zwar noch nicht so recht an Feng

Shui, aber wenn da was dran war, war das ganz schön heikel. Denn genau vor dem Fenster des Beratungsraumes floss der Flüelabach sehr schnell dahin. Ich liebte diesen Bach. Ich hatte mir seit meiner Kindheit einen Bach gewünscht, der an meinem Haus vorbei floss. In 2004 war dieser Kindheitstraum endlich in Erfüllung gegangen. Und nun sollte das schlecht für mich sein!? Das fand ich jetzt wirklich ganz schön lästig! Ich begann, über eine Lösung nachzudenken. Ich konnte den Beratungsraum nicht in einen anderen Raum in meiner Wohnung verlegen, da der Bach an allen Räumen ausser an Küche und Bad vorbei floss.

Während ich noch über eine Lösung nachgrübelte, fuhren ein oder zwei Tage später LKW vor und luden riesige Felsbrocken am Bachufer ab. Einen Tag später kam ein Bagger und legte die Felsen in den Bach. Und zwar genau vor das Fenster meines Beratungsraumes! Nicht vor mein Schlafzimmerfenster, nicht vor mein Wohnzimmer, nicht vor meinen Wintergarten, nicht vor oder hinter das Haus. Nein, exakt vor meinen Beratungsraum. Dadurch wurde das Tempo des Wassers stark abgebremst. Ich traute meinen Augen kaum. Aber noch weniger traute ich ihnen, als ich sah, dass einer der Felsen aussah wie ein riesengrosses Herz. Und dieses Herz schaute genau zu mir, mit der Spitze zu meinem Fenster. Wenn das nicht ein liebevoller Gruss des Universums war!

Liebe Leserin, lieber Leser, wenn Sie mir das nicht glauben, schicken Sie mir eine E-Mail. Ich werde Ihnen dann einen Link zu dem Foto senden. Meine Freundin, die Sie schon kennen, sagte: „Langsam wirst du mir unheimlich."

Aber so kann es jedem ergehen. Ich bin nicht die Einzige, der diese Wunder passieren. Von meinen Klientinnen, Klienten, Kolleginnen, Kollegen, Freundinnen und Freunden, von Familienmitgliedern und von Fallbeispielen und Biographien aus Büchern und Seminaren weiss ich, dass es jedem so ergeht, der sich auf den Weg der Persönlichkeitsentwicklung begibt. Wer sich zudem entschliesst, sich mit seinem Höheren Selbst zu verbinden und dessen Lebensplan zu folgen und sich von den himmlischen Helfern führen und unterstützen zu lassen, für den wird diese Persönlichkeitsentwicklung um ein Vielfaches leichter, freudvoller, spannender und erfüllender. Für den vergeht immer weniger Zeit zwischen seinem Wunschgedanken und der Erfüllung des Wunsches. Und für den ist seine Entwicklung mit viel weniger Schmerz und unangenehmen Turbulenzen verbunden.

Stattdessen fängt das Leben in einer Weise an zu fliessen, die man sich vorher in seinen kühnsten Träumen nicht ausdenken könnte. Ich weiss mittlerweile, dass mein Entwicklungsweg sehr ähnlich dem anderer ist. Jeder geht seinen ganz eigenen, individuellen und persönlichen Weg. Jeder wählt die Methoden und Strategien, die ihm am sympathischsten und nützlichsten sind. Aber im Grossen und Ganzen machen alle auf ihrem Weg ähnliche Prozesse durch und ähnliche Erfahrungen. Das spirituelle Wachstum ist eine wundervolle, spannende und erfüllende Entdeckungsreise. Meine Arbeit ist dadurch, dass ich nun auch in der Öffentlichkeit voll und ganz zu ihren spirituellen Aspekten stehe, zu einem wundervollen Spiel geworden, welches ich mit grosser Freude spiele.

Marketing-Coaching Folgen II

Dass ich nun auch in der Öffentlichkeit voll und ganz zu meiner spirituellen Arbeit stehe, habe ich dem erwähnten Marketing-Coach zu verdanken. Denn er hatte mir klar gemacht, dass ich mich nur halbherzig geoutet hatte und in gewissen Kreisen immer noch meine spirituellen Interessen verschwieg. Ich hatte wieder einige Tage innere Kämpfe mit mir ausgefochten und mich dann dazu entschieden, nichts und niemanden mehr zu verleugnen. Auch Jesus nicht. Bisher hatte ich immer nur gesagt, dass ich mit Jesus zusammenarbeiten darf, wenn mich jemand ganz direkt und gezielt gefragt hatte, mit wessen Energie ich arbeiten würde. Und das waren sehr wenige Menschen. Denn nur die Menschen, die sich schon eingehend mit Geistheilung und ähnlichem beschäftigt haben, wissen, dass Geistheiler mit unterschiedlichen „Wesen" und „Energien" zusammenarbeiten.

So kam es, dass ich am Tag der offenen Tür 2013 in meinem Institut kein Blatt mehr vor den Mund nahm und vor einer ganzen Gruppe von Menschen erzählte, wie ich von der Wissenschaftlerin zur Geistheilerin geworden war. Ausserdem verbarg ich nicht mehr, dass ich seit April 2012 mit Jesus zusammenarbeite. Ausgelöst wurde dieses Outing durch eine offenbar für meinen Lebensplan sehr wichtige Person, die schon einmal als Erfüllungsgehilfe des Universums fungiert hatte, damit ich über mich selbst hinauswachse. Es handelt sich um genau denselben Mann, der mich dazu inspiriert hatte, in der AK-Strategie® auszubilden.

Dieses Outing vor einer ganzen Gruppe am Tag der offenen Tür war für mich ein sehr bewegendes Ereignis, und ich danke jenem Mann für seine wichtige Funktion in meinem Leben. Ich bin sicher, dass wir einen Seelenplan miteinander haben und sich seine Seele bereit erklärt hat, mir hier und da auf die Sprünge zu helfen.

Eine spirituelle Freundin machte sich jedoch wegen meines Outings vor der Gruppe Sorgen um mich und mein Geschäft. Sie meinte, ich würde dadurch eine Angriffsfläche bieten, so dass weniger wohlmeinende Menschen meinem Institut, meinem Geschäft und meiner Arbeit schaden könnten. Das aber wäre sehr schade, denn ich hätte solch eine wichtige Lebensaufgabe.

Also fragte ich Jesus am nächsten Morgen, was er von meinem Outing hielt. Er antwortete: „Stehe zu mir und stehe zu dir. Wir beschützen dich. Du bist immer beschützt."

Seit jenem Outing fühle ich mich noch mehr mit Jesus verbunden und viel stärker, sicherer und selbstsicherer als vorher. Ich fühle eine Stärke und Unverletzbarkeit in mir, die ich mir nie hätte denken können. Mir ist, als ob ich ein dickes Stahlrohr in mir hätte, das mich stützt und dafür sorgt, dass ich weder umkippen noch auch nur ansatzweise brechen kann. Selbst wenn man mein Geschäft, mein Institut zerstören würde, selbst wenn man mich wieder einmal verbrennen würde, was aber nicht geschehen wird, das wäre in Ordnung für mich. Ich habe keine Angst mehr. Höchst erstaunlich! Mir wird wieder einmal bestätigt, dass wir enorm wachsen, wenn wir unserer inneren Führung folgen und zu unserer Wahrheit stehen, auch wenn der Weg noch so beängstigend aussieht. Wenn wir unsere Angst konfrontieren, wachsen wir über uns selbst hinaus.

Das Coaching löste noch weitere fantastische Prozesse aus. Ich kaufte nämlich in der Folge eine Anleitung für das Erstellen von (Marketing)Videos. Mir leuchtete ein, dass ich, wenn ich meine Arbeit über die Grenzen von Davos hinaus bekannt machen wollte, ein neues Instrument brauchte, um den Menschen die Gelegenheit zu geben, mich kennenzulernen. In Davos waren das Vorträge und Workshops gewesen. Denn im Beraterbereich geht es in besonderem Masse um Vertrauen. Da muss die Chemie stimmen. Wenn jemand einen Fernseher oder einen Mantel kauft, ist die Chemie zwischen Verkäufer und Käufer nicht von solch entscheidender Bedeutung, auch wenn ein angenehmes Verkaufsgespräch wünschenswert wäre.

Wie aber können mich Menschen in Zürich, Bern, München, London und sonst wo „beschnuppern", während ich in Davos bin? Über Videos im Internet. Dort können sie ein Gefühl dafür entwickeln, ob wir eine ähnliche Wellenlänge haben, ob die Chemie und mein ganz spezielles Angebot für sie stimmen. Nonverbale Kommunikation spielt bekanntlich die grösste

Rolle im zwischenmenschlichen Bereich. Mimik, Gestik, Körperhaltung, Augenverhalten, Stimme, Tonhöhe, Tonfall, Sprechgeschwindigkeit und vieles mehr bestimmen, ob man sich entscheidet, jemandem zu vertrauen oder nicht. Ein einfacher geschriebener Text auf einer Website oder in einem Prospekt kann niemals so viel aussagen wie eine Audioaufnahme oder, besser noch, ein Video.

Also beschloss ich, Videos herzustellen. Die geistige Welt hatte mir das schon vor mehr als einem Jahr begonnen zu sagen, aber ich brauchte erst wieder Führung durch Erfüllungsgehilfen des Universums, um in Gang zu kommen. Da geschah etwas Wunderbares: Mein Freund entdeckte seine alte Leidenschaft des Videodrehens wieder, der er in seiner Jugend engagiert nachgegangen war, die er dann aber aufgeben musste. Nun war für ihn der Moment gekommen, sein altes Interesse wieder aufleben zu lassen. Er stürzte sich mit Begeisterung in das Thema, legte sich eine gute Ausrüstung zu, verschlang Bücher über Bücher und übernimmt alles Technische für mich. Was für eine Erleichterung und riesige Freude! Mittlerweile wissen wir, dass es zu seiner Lebensaufgabe gehört, mir mit dem, was ihm Freude macht, bei meiner Lebensaufgabe zu helfen, die mir Freude macht. Wir sind eine wundervolle Ergänzung füreinander. Welch ein Glück, dass ich mich damals in diesen Techniker, Analytiker und Informatiker verliebt habe, der auch noch alles Kaufmännische liebt. Nun sehe ich, warum nicht mein damaliger Wunsch in Erfüllung gegangen ist, mich in einen spirituellen Lehrer zu verlieben. Da sässen wir beide ganz schon dumm da. Wer würde uns das ganze Backoffice und die ganze Technik abnehmen?

Die allerneuesten Ideen, die sich in den letzten Monaten aus dem Marketing-Coaching ergeben haben, betreffen Online-Produkte. Vor dem Coaching hatte ich gar nicht wirklich gewusst, dass es Webinare, Online-Kurse und ähnliches gab. Ich wusste gar nicht, wie weit verbreitet diese schon sind und wie gerne sie von den Menschen genutzt werden. Ich hatte hier und da mal ansatzweise davon gehört, hatte mich aber nie dafür interessiert und nur eine sehr vage Vorstellung davon, was das war. Nun aber bricht es wie selbstverständlich in mein Leben ein. Es fällt mir wie Schup-

pen von den Augen: Das Internet ist bei allen Risiken, die es mit sich bringen kann, wenn man nicht verantwortungsvoll damit umgeht, eine fantastische Möglichkeit für mich, meine eigene Wahrheit, meine eigenen Ideen
in die Welt hinaus zu tragen und über die eigenen Ortsgrenzen hinaus den
Menschen zu dienen mit meinen Fähigkeiten und Talenten und mit dem,
was mir Spass macht und mich erfüllt.

Für mich ist zwar nach wie vor der direkte Kontakt mit Menschen das,
was mir am meisten Freude bereitet. Und ich werde hoffentlich auch weiterhin Einzelberatungen und -behandlungen in meinem wunderschönen
Institut geniessen können. Sicher werde ich auch in Zukunft in meinem
Institut kleine, exklusive Live-Seminare für kleine Gruppen von Menschen
geben, auf die ich persönlich und individuell eingehen kann. Aber mir
scheint es, dass die Kombination von Online-Schulungen auf der einen
Seite und persönlichen Beratungen, Behandlungen und Live-Veranstaltun-
gen in meinem Institut auf der anderen Seite im Moment genau das Richtige für mich ist. Ich sage bewusst im Moment. Denn ich habe mich, wie
gesagt, entschieden, mich von Moment zu Moment führen zu lassen, und
für das zu öffnen, was mein Höheres Selbst für dieses Leben noch alles
Wundervolles für mich vorgesehen hat.

Viele Fragen haben sich geklärt, manche sind noch offen. So weiss ich
zum Beispiel noch nicht, was es mit dem Word Economic Forum auf sich
hat und wie meine spirituelle Entwicklung weiter gehen und sich mein
Institut entfalten wird. Da ich diese letzten Zeilen schreibe, habe ich den
wiederholten Beweis erhalten, dass ich nun auch die Endometriose mit der
AK-Strategie® aufgelöst habe. Zwei Jahre hat der Prozess gedauert, um
diese circa 37 Jahre andauernde Erkrankung zu transformieren. Es war regelmässige, beharrliche Arbeit an mir selbst, die sich gelohnt hat. Die dazu
gehörende Migräne habe ich gleich mit aufgelöst. Welche Freude, welche
Erleichterung, welche Dankbarkeit! Alles ist möglich. Es gibt keine Garan-
tie, aber es ist immer einen Versuch wert.

Interessant ist, dass ich heute Morgen, an dem Tag, an dem ich die letzten Zeilen meiner Geschichte hier schreibe, neue Führung erhalten habe.
Als nächstes steht an, mein AK-Strategie®-Seminar als Online-Seminar zu

entwickeln. Diese Vorstellung ruft grosse Freude und grossen Tatendrang in mir hervor. Packen wir es an!

Ihnen, liebe Leserin, lieber Leser, danke ich für Ihre Aufmerksamkeit. Ich hoffe, dass meine Geschichte Sie inspiriert und Ihnen Mut macht, Ihren eigenen Weg zu finden und zu gehen, egal, was andere Menschen und die Stimmen der Angst in Ihnen sagen. Ich hoffe, dass meine Begeisterung Sie ansteckt, in Ihnen Hoffnung weckt und Sie sich dazu angeleitet fühlen, Ihre eigenen Potenziale zu entdecken und zu entwickeln. Wir sind alle grossartige Wesen. Jeder einzelne von uns. Auch Sie und ich. Und wir dürfen jetzt, so sagt mir die Geistige Welt, diese unsere grossartigen Potenziale entwickeln und auch zeigen. Wir sollen unser Licht nicht länger unter den Scheffel stellen. Dafür wurde uns unser Licht, unser Götterfunke nicht gegeben.

Ich freue mich, wenn Sie mir Ihre Erfahrungen schreiben. Ich plane auch auf Facebook eine Seite einzurichten, die das Positive, Licht, Liebe, Frieden, Fülle und Hoffnung in der Welt verbreiten hilft. Das Motto der Massenmedien ist von jeher: „Nur schlechte Nachrichten sind gute Nachrichten." Ich möchte ein Online-Magazin auf Facebook einrichten, dessen Motto genau das Gegenteil ist: „Nur gute Nachrichten sind gute Nachrichten". Dort haben Sie, liebe Leserin, lieber Leser, die Möglichkeit, Ihre positiven Erlebnisse und Erfahrungen, Ihre „Wunder" zu erzählen, auch wenn es nur ganz kleine Begebenheiten sind, die manch andere Menschen für nichtig oder für „Zufall" halten würden. Helfen Sie mir mit, auf Ihre ganz persönliche Weise, Liebe, Licht, Freude, Fülle, Gesundheit, Harmonie, Frieden und Hoffnung in der Welt zu verbreiten. Dafür danke ich Ihnen aus tiefstem Herzen.

Und ich freue mich, wenn wir uns einmal persönlich oder virtuell kennenlernen. Vielleicht in einer meiner öffentlichen Veranstaltungen oder Seminare in Davos, in einer Telefon- oder Live-Beratung, in einem Online-Seminar oder, Sie kommen einfach auf einen Kaffee und Gedankenaustausch vorbei. Wenn ich Kapazitäten frei habe, freue ich mich sehr über solche Besuche. Versuchen Sie es einfach und rufen Sie an oder schreiben Sie.

Mit den besten Wünschen und Grüssen *Ihre Angelika Keil*

Schauen Sie doch mal vorbei. Sie finden mich auf Facebook unter „Angelika Keil".

Dort und auf meiner Website werden Sie wahrscheinlich erfahren, wie es ab nun mit mir weiter geht. Wenn Sie über meinen Newsletter auf dem Laufenden gehalten werden möchten und ihn noch nicht abonniert haben, können Sie dies auf meiner Website www.angelikakeil.ch nachholen.

Über die Autorin

Dr. phil. Angelika Keil studierte Geisteswissenschaften und arbeitete einige Jahre in Wissenschaft, Forschung und Lehre an verschiedenen Universitäten. Im Jahre 2000 gesellte sich zu ihren schon seit Jahren bestehenden chronischen Erkrankungen eine weitere, so schwere Erkrankung, dass sie 2002 ihren Beruf aufgeben musste. Auf der Suche nach Lösungen fand sie den Weg zu einer Lebensphilosophie, die es ihr ermöglichte, in den folgenden Jahren ihre vielen Krankheiten aufzulösen und ihre Lebensqualität enorm zu steigern.

Seit 2004 gibt sie ihre Lebensphilosophie und die von ihr entwickelte universell einsetzbare AK-Strategie® als sehr erfolgreiche Psychologin, Coach, Trainerin, Seminarleiterin und Fach-Autorin an ihre KlientInnen und LeserInnen weiter.

Sie lebt und arbeitet in Davos, Schweiz, und leitet das „Institut für Körper, Geist und Seele Dr. phil. Angelika Keil" in Davos. Zudem geht sie auf nationale und internationale Seminar- und Vortragsreisen im deutschsprachigen Raum.

Angelika Keil bildet in der AK-Strategie® auch aus. Diese Ausbildung ist für alle geeignet, die sie für sich als Selbsterfahrung nutzen oder diese höchst effiziente Lösungsstrategie als Berater, Coach, Führungskraft oder Unternehmer beruflich einsetzen wollen. Nähere Informationen finden Sie im Internet unter: www.angelikakeil.ch.

Kontaktadresse

Weitere Informationen zu Angelika Keil und ihrem Beratungs-, Behandlungs- sowie Veranstaltungsangebot finden Sie unter:

Institut für Körper, Geist und Seele Dr. phil. Angelika Keil

Promenade 77

CH-7270 Davos Platz

Telefon: +41 81 416 35 52

Mobil: +41 78 913 48 70

info@angelikakeil.ch

www.angelikakeil.ch

Auf Facebook finden Sie Angelika Keil unter „Angelika Keil".

Auf Youtube finden Sie Angelika Keil unter Angelika Keil TV.

Folgen Sie Angelika Keil auf Twitter: *https://twitter.com/InfoKeil*

Angelika Keil

Die AK-Strategie®

Wie Sie mit Ihren Gedanken
und Emotionen
Ihre kühnsten Träume
übertreffen

Möchten Sie noch mehr Gesundheit, Zufriedenheit, Harmonie, Erfolg und Lebenslust? Sind Sie des Kämpfens müde und möchten auf leichte und freudvolle Weise Ihr Leben verbessern? Möchten Sie wissen, wie Sie Ihre kühnsten Träume noch übertreffen können? Dann ist dies das richtige Buch für Sie. Denn mit der AK-Strategie® zeigt Ihnen Angelika Keil, wie es geht. Hier handelt es sich nicht einfach um ein weiteres Buch des Mentaltrainings oder „positiven Denkens". Die Autorin hat jahrtausende alte Weisheiten wieder ausgegraben und in einer Weise kombiniert, die zu beinahe unglaublichen Resultaten führen können. Den meisten Büchern und Ansätzen fehlt nämlich ein entscheidender Faktor. Diesen enthüllt die Autorin in diesem Buch.

Angelika Keil stellt die von ihr entwickelte, ebenso einfache wie faszinierende AK-Strategie® vor. Mit ihr können Sie Ihre kühnsten Träume sogar noch übertreffen. Dass dies keine leeren Versprechungen sind, zeigen die vielen Erfolgsgeschichten ihrer Klientinnen und Klienten, die sie in diesem Buch vorstellt und mit denen sie ihren Leserinnen und Lesern Mut macht.

Einfühlsam und Schritt für Schritt führt Angelika Keil Sie durch den Lösungsprozess. Viele Beispiele aus ihrer reichhaltigen Beratungsarbeit veranschaulichen ihre Vorgehensweise, so dass sie für jedermann und -frau leicht verständlich ist.

Das Buch ist nicht nur ein Lese- und Theoriebuch, sondern vor allem auch ein Praxis- und Arbeitsbuch. Mit vielen Übungen können Sie in Schritt-für-Schritt-Anleitungen experimentieren, eigene Erfahrungen machen und Veränderungen in Gang setzen.

Das Buch ist sowohl für Neueinsteiger in das Thema der Veränderungsarbeit, des Mentaltrainings und des positiven Denkens als auch für Fortgeschrittene und professionelle Coachs geeignet. Es ist Grundlage der Seminare, die Angelika Keil zur AK-Strategie® anbietet.

Stimmen von Leserinnen und Lesern:

„Was ich ganz toll finde, sind meine Erfahrungen, wie ich mit positiven Gedanken einiges für mich zum Guten wenden, ja oft sogar steuern kann! Ja, Ihr Buch ist wie ein Anker für mich, immer mit dem Gedanken, dort drin zu lesen, tut mir gut und macht Mut."

„Das Buch ist in einem Moment zu mir gekommen, als ich und meine Familie einen schweren Schicksalsschlag erlitten haben. Das Buch hat mir sehr geholfen, es hat mich so gestärkt, dass ich sogar meiner Familie von dieser Stärke abgeben kann."

„Dein Buch ist in der Tat ein Segen! Ein Arbeitsbuch das mich wohl noch eine Zeit lang begleiten wird. [...] Du gibst einem geradewegs ein Werkzeug in die Hand, um die alten Muster zu lösen und auf den neuen Weg zu gehen."

„Ich versuchte einige Dinge direkt umzusetzen und bemerkte sofort die positiven Effekte in der Innen- und Aussenwelt. Aufgrund dessen besuchte

ich das von Frau Keil angebotene AK-Strategie-Seminar und bin nun aus-
gebildeter AK-Strategie-Coach."

„Ein wundervolles Buch. Liest sich wie Zukunftsmusik. Nur besser. Zum
Greifen nah: einen Gedanken entfernt. Merci. Eine echte Trouvaille. Es hat
einen festen Platz in meinem kindle. Jederzeit zum Schmökern, Probieren
und als Inspiration an meiner Seite."

„Diese wahnsinnig verständliche Schreibweise, die präzise erklärten Übungen und die mutmachenden Fallbeispiele machen dieses Buch zu einem
,,must have" im Bücherregal."

„Dieses Buch hätte es schon viel früher geben müssen, eindrücklich logisch
und verständlich. EINE GRUNDSÄTZLICHE ZUSAMMENFASSUNG UND
HILFE FÜRS SEIN"

Das Buch "Die AK-Strategie®: Wie Sie mit Ihren Gedanken und Emotionen
Ihre kühnsten Träume übertreffen."
Als Paperback, 372 Seiten (ISBN 978-3-7322-3172-0), und als E-Book er-
hältlich.

Hier können Sie im Buch blättern: http://bod.com/s?k=823463djnco

Zeitfracht Medien GmbH
Ferdinand-Jühlke-Straße 7
99095 Erfurt, Deutschland
produktsicherheit@kolibri360.de